新形式対応

TOEIC® TEST
模試特急
新形式対策

森田鉄也
Karl Rosvold

TOEIC is a registered trademark of Educational Testing Service (ETS).
This publication is not endorsed or approved by ETS.

朝日新聞出版

もくじ

はじめに ………………………………………………………… 3

TOEIC® TEST模試 新形式対策200問 ………………… 5

模試 解答一覧 ……………………………………………… 94

TOEIC® TEST模試 解説と語彙 ……………………… 95

Part 1 解答と解説 ……………………………………… 96
Part 2 解答と解説 ……………………………………… 104
Part 3 解答と解説 ……………………………………… 126
Part 4 解答と解説 ……………………………………… 175
Part 5 解答と解説 ……………………………………… 212
Part 6 解答と解説 ……………………………………… 241
Part 7 解答と解説 ……………………………………… 260

模試 解答用紙 …………………………………………… 323

音声ファイル ダウンロードの方法

本書の音声は、下記の朝日新聞出版HPからダウンロードしてください。

http://publications.asahi.com/toeic/

◀01　本文の左のマークのついている部分は音源があります。横の数字は音声ファイルの番号を表しています。

※ iPodやICレコーダーなど、任意の携帯プレーヤーを利用する場合は、パソコンにダウンロードした音声ファイルをコピーしてからご利用いただけます。ダウンロードされるファイルはzip形式も含みます。

はじめに

　2016年5月のTOEIC公開テストからTOEICの形式が変わります。正確には、既存の問題形式はすべて残りますが、新しい問題形式が追加されます。

　文章ではなく単文や短い会話なので取り組みやすいと言われていたPart 1、2、5の問題数が減り、長い会話のPart 3や文章が出てくるPart 6、7の問題数が増えました。リスニングに図表や地図といった視覚情報が加わった問題や、1セットに文書が3つある読解問題も出題され、高い情報処理能力も求められます。

　多くの受験者は、これまでよりも難しくなったと感じるでしょう。新形式の一番の対策は、問題形式に慣れることです。公式問題集や本書のような模試を活用しましょう。

　本書は『新TOEIC® TEST 正解特急2 実戦模試編』を全面的に改訂したものです。**僕は、日本のTOEIC講師の中で誰よりもはやく新形式について情報収集をはじめ、質の高い問題を制作するために多くの努力をしてきました。改良を重ねながら、自分でも高品質の問題ができたと自負しています。**

　解説には、なぜ他の選択肢がダメなのか、どういう意図で出題者はひっかけようとしているのか、といった情報を入れ、随所に、最新のTOEICの傾向や対策を盛り込みました。本書に無駄なテキストはひとつもありません。音声も活用して繰り返し復習してください。

　　　　　　　　　　　　　　　　　　　　　森田　鉄也

問題構成の変更点

2016年4月までの TOEIC 公開テスト

Part	Name of Each Part	パート名	問題数
\multicolumn{4}{c}{リスニング・セクション (約45分間)}		
1	Photographs	写真描写問題	10
2	Question-Response	応答問題	30
3	Conversations	会話問題	30 (3×10)
4	Talks	説明文問題	30 (3×10)
\multicolumn{4}{c}{リーディング・セクション (75分間)}		
5	Incomplete Sentences	短文穴埋め問題	40
6	Text Completion	長文穴埋め問題	12 (3×4)
7	Single Passages	1つの文章 (計9文書)	28
	Double Passages	2つの文章 (計4文書)	20

↓ 新形式

2016年5月以降の TOEIC 公開テスト

Part	Name of Each Part	パート名	問題数
\multicolumn{4}{c}{リスニング・セクション (約45分間)}		
1	Photographs	写真描写問題	**6**
2	Question-Response	応答問題	**25**
3	Conversations **(with and without a visual image)**	会話問題	**39 (3×13)**
4	Talks **(with and without a visual image)**	説明文問題	30 (3×10)
\multicolumn{4}{c}{リーディング・セクション (75分間)}		
5	Incomplete Sentences	短文穴埋め問題	**30**
6	Text Completion	長文穴埋め問題	**16 (4×4)**
7	Single Passages	1つの文章 (計10文書)	**29**
	Multiple Passages	**2つの文章 (計2文書)**	**10 (5×2)**
		3つの文章 (計3文書)	**15 (5×3)**

完全模試 START!

TOEIC® TEST模試
新形式対策 200問

本番のつもりで解こう！

LISTENING TEST

🔊 01

In the Listening test, you will be asked to demonstrate how well you understand spoken English. The entire Listening test will last approximately 45 minutes. There are four parts, and directions are given for each part. You must mark your answers on the separate answer sheet. Do not write your answers in your test book.

PART 1

Directions: For each question in this part, you will hear four statements about a picture in your test book. When you hear the statements, you must select the one statement that best describes what you see in the picture. Then find the number of the question on your answer sheet and mark your answer. The statements will not be printed in your test book and will be spoken only one time.

Statement (C), "They're sitting at a table," is the best description of the picture, so you should select answer (C) and mark it on your answer sheet.

1.
🔊 02

2.
🔊 03

GO ON TO THE NEXT PAGE

3.
◀ 04

4.
◀ 05

5.
◀ 06

6.
◀ 07

GO ON TO THE NEXT PAGE

PART 2

🔊 08

Directions: You will hear a question or statement and three responses spoken in English. They will not be printed in your test book and will be spoken only one time. Select the best response to the question or statement and mark the letter (A), (B), or (C) on your answer sheet.

7. Mark your answer on your answer sheet. 🔊 09

8. Mark your answer on your answer sheet. 🔊 10

9. Mark your answer on your answer sheet. 🔊 11

10. Mark your answer on your answer sheet. 🔊 12

11. Mark your answer on your answer sheet. 🔊 13

12. Mark your answer on your answer sheet. 🔊 14

13. Mark your answer on your answer sheet. 🔊 15

14. Mark your answer on your answer sheet. 🔊 16

15. Mark your answer on your answer sheet. 🔊 17

16. Mark your answer on your answer sheet. 🔊 18

17. Mark your answer on your answer sheet. 🔊 19

18. Mark your answer on your answer sheet. 🔊 20

19. Mark your answer on your answer sheet. 🔊 21

20. Mark your answer on your answer sheet. 🔊 22

21. Mark your answer on your answer sheet.

22. Mark your answer on your answer sheet.

23. Mark your answer on your answer sheet.

24. Mark your answer on your answer sheet.

25. Mark your answer on your answer sheet.

26. Mark your answer on your answer sheet.

27. Mark your answer on your answer sheet.

28. Mark your answer on your answer sheet.

29. Mark your answer on your answer sheet.

30. Mark your answer on your answer sheet.

31. Mark your answer on your answer sheet.

GO ON TO THE NEXT PAGE

PART 3

🔊 34

Directions: You will hear some conversations between two or more people. You will be asked to answer three questions about what the speakers say in each conversation. Select the best response to each question and mark the letter (A), (B), (C), or (D) on your answer sheet. The conversations will not be printed in your test book and will be spoken only one time.

🔊 35

32. Why did the man visit the store?

(A) To exchange an item
(B) To have an item repaired
(C) To obtain a refund
(D) To ask for a discount

33. What is the problem with the man's purchase?

(A) The price
(B) The size
(C) The color
(D) The weight

34. According to the woman, what should the man do?

(A) Speak to a manager
(B) Go to a different section
(C) Fill out a form
(D) Come back in the evening

◀ 36

35. What is the purpose of the man's visit?

(A) To review some data
(B) To have an interview
(C) To fix some equipment
(D) To promote some products

36. According to the woman, what did she recently do?

(A) She joined the company.
(B) She was promoted to manager.
(C) She moved from a different office.
(D) She talked to Ms. Tran about the man.

37. What is the man most likely to do next?

(A) Read information about the company
(B) Meet Ms. Tran in Room E
(C) Inspect the elevator
(D) Call a repair shop

GO ON TO THE NEXT PAGE

🔊 37

38. Who most likely is the man?

(A) A doctor
(B) A patient
(C) A receptionist
(D) A technician

39. What does the woman ask the man to do?

(A) Place an order with a supplier
(B) Work an extra day this week
(C) Contact a repair service
(D) Change an appointment time

40. What is scheduled to happen next week?

(A) A medical convention will be held.
(B) An appliance will be installed.
(C) A technology seminar will be conducted.
(D) The clinic will be closed for renovations.

◀ 38

41. What are the speakers mainly discussing?

   (A) A new employee
   (B) A change in company policy
   (C) A speaker for an assembly
   (D) A conference schedule

42. What is the woman concerned about?

   (A) A shortage of attendees
   (B) A transportation delay
   (C) The size of a meeting room
   (D) The lack of time to prepare

43. What will the man do tonight?

   (A) Ask for a vacation from work
   (B) Address new office staff
   (C) Postpone a training seminar
   (D) Contact a coworker

GO ON TO THE NEXT PAGE

◀ 39

44. According to the man, what is the problem?
   (A) His order has not arrived.
   (B) The printer is not working.
   (C) The fax machine is broken.
   (D) Some documents are stuck in the cabinet.

45. Where does the woman say she has been putting her files?
   (A) Beside the bookshelf
   (B) In a filing cabinet
   (C) On the floor
   (D) Above the copier

46. What will the woman probably do next?
   (A) Have lunch
   (B) Look through a catalog
   (C) Call in a supply order
   (D) Pick up a shipment

🔊 40

47. Where most likely do the speakers work?

    (A) At an advertising firm
    (B) At a travel agency
    (C) At a restaurant
    (D) At a radio station

48. What does the man ask the woman to do?

    (A) Meet with the managers
    (B) Give her opinion
    (C) Take a day off
    (D) Give him a ride home

49. When is the deadline of the man's work?

    (A) Wednesday
    (B) Thursday
    (C) Friday
    (D) Saturday

GO ON TO THE NEXT PAGE

◀ 41

50. What is the man searching for?

    (A) A counter
    (B) A book
    (C) A window
    (D) A booth

51. What does the man want to receive assistance with?

    (A) Moving some items
    (B) Setting up a projector
    (C) Checking a room size
    (D) Arranging some desks

52. What does the woman mean when she says, "Anytime"?

    (A) She is not busy these days.
    (B) She can leave the venue now.
    (C) She is happy to help the man.
    (D) She wants to know the man's availability.

🔊 42

53. What type of business does the man work for?

   (A) A lodging facility
   (B) A dining establishment
   (C) A food service company
   (D) A transportation firm

54. What did the woman like about the event?

   (A) The number of guests
   (B) The quality of the food
   (C) The menu options
   (D) The friendly staff

55. What does the man ask the woman to do?

   (A) Check her schedule
   (B) Write feedback online
   (C) Try some samples
   (D) Refer more clients

GO ON TO THE NEXT PAGE ▶

🔊 43

56. Who most likely are the speakers?

(A) Pharmacists
(B) Gardeners
(C) Construction workers
(D) Bakers

57. What does the man say he will do today?

(A) Send some information to a client
(B) Secure a new contract
(C) Complete a project
(D) Experiment with a new bread recipe

58. What does the woman mean when she says, "Um, that's kind of too soon"?

(A) She thinks the man is considerate.
(B) She may not be able to participate in the man's project.
(C) She needs more time to prepare.
(D) She is surprised that the shipment has already come.

◀ 44

59. Where do the speakers probably work?

(A) At a university
(B) At a Web design company
(C) At a cooking school
(D) At an advertising agency

60. According to the man, what is the problem?

(A) Some content is not shown properly.
(B) Some orders have not arrived.
(C) Some workers are not present.
(D) Some people cannot access a Web site.

61. What is Jessica worried about?

(A) A designer is not skilled enough.
(B) Her manager is not content with her performance.
(C) Customers disregard advertisements.
(D) A reputation may be harmed.

GO ON TO THE NEXT PAGE

◀ 45

Order Form	
Same day	$30
3 business days	$20
5 business days	$10
7 business days	$5

62. What does the woman want to have printed?

(A) A résumé
(B) Photographs
(C) Business cards
(D) Concert tickets

63. Look at the graphic. What additional fee will the woman most likely pay?

(A) $5
(B) $10
(C) $20
(D) $30

64. What will the woman do next?

(A) Contact a shipping company
(B) Try a different store
(C) Fax a document
(D) Complete a form

◀ 46

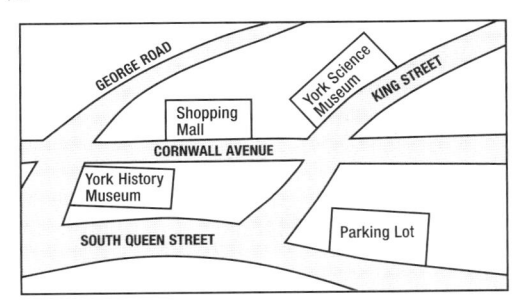

```
GEORGE ROAD       York Science    KING STREET
                  Museum
       Shopping
       Mall
       CORNWALL AVENUE
  York History
  Museum
                         Parking Lot
  SOUTH QUEEN STREET
```

65. Who most likely is the man?

(A) An information center employee
(B) A history museum curator
(C) A personal tour guide
(D) A hotel receptionist

66. What did the woman say she did today?

(A) She drove a rental car.
(B) She used public transportation.
(C) She checked in to a hotel.
(D) She visited a historic building.

67. Look at the graphic. On which street is the place the woman will visit next located?

(A) George Road
(B) King Street
(C) Cornwall Avenue
(D) South Queen Street

GO ON TO THE NEXT PAGE

23

◀ 47

```
OUT OF SIGHT OPTOMETRY
      Special Voucher

Glasses ($20–$50) . . . . . . . $ 5 value
Glasses ($51–$99) . . . . . . . $ 7 value
Glasses ($100 or more) . . . $15 value
Contacts ($50 or more) . . . $10 value
           Expires 11/29
```

68. What did the man do last Friday?

   (A) He bought new contact lenses.
   (B) He had his eyes checked.
   (C) He called an optician.
   (D) He received a coupon.

69. What does the woman suggest the man do?

   (A) Pick up his order this afternoon
   (B) Come to her office earlier
   (C) Prepare some documents
   (D) Call her back in November

70. Look at the graphic. What discount will the man probably receive?

   (A) $5
   (B) $7
   (C) $10
   (D) $15

PART 4

🔊 48

Directions: You will hear some talks given by a single speaker. You will be asked to answer three questions about what the speaker says in each talk. Select the best response to each question and mark the letter (A), (B), (C), or (D) on your answer sheet. The talks will not be printed in your test book and will be spoken only one time.

🔊 49

71. Where most likely is the talk taking place?

(A) In a hospital
(B) In a restaurant
(C) In a factory
(D) In a retail store

72. According to the speaker, what are the listeners required to do?

(A) Avoid talking with other employees
(B) Sanitize production machinery regularly
(C) Wash their hands before entering the premises
(D) Wear designated clothes in a certain area

73. What will the listeners do next?

(A) Follow Mr. Kaneda
(B) Check each other's appearance
(C) Observe a production process
(D) Watch an instructional video

GO ON TO THE NEXT PAGE

◀ 50

74. What type of business has the caller reached?

(A) A travel agency
(B) A doctor's office
(C) A law firm
(D) An online retailer

75. What are listeners asked to do after they press 0?

(A) Hear the office's hours of operation
(B) Speak to a representative
(C) Leave their contact details
(D) Rerecord an outgoing telephone message

76. According to the speaker, what can the listeners do on the Web site?

(A) Read testimonials from customers
(B) See Mr. Owens' mobile phone number
(C) Check directions to an office
(D) Book a time for a consultation

◀ 51

77. Where is the talk probably taking place?

(A) At a retirement ceremony
(B) At a grand opening event
(C) At an awards banquet
(D) At a product release event

78. When did the speaker join Vitalsoft?

(A) 20 years ago
(B) 25 years ago
(C) 30 years ago
(D) 35 years ago

79. What does the speaker say about Jack Slaten?

(A) He was recently promoted.
(B) He will present a prize.
(C) He was a subordinate of the speaker.
(D) He established a company.

GO ON TO THE NEXT PAGE

◀ 52

80. Who most likely is the speaker?

(A) A travel agent
(B) A pet shop owner
(C) A tour guide
(D) A bicyclist

81. What does the speaker imply when he says, "And there will be plenty of opportunities for taking pictures"?

(A) There are many animals in one place.
(B) He will lend cameras to the listeners.
(C) The listeners will not be rushed.
(D) There are many rivers worth seeing.

82. What does the speaker ask the listeners not to do?

(A) Eat lunch in a building
(B) Give food to animals
(C) Stand up in the vehicle
(D) Make loud noises

◀ 53

83. What is the cause of the slow traffic on Highway 86?

(A) Bad weather
(B) A car accident
(C) Construction work
(D) Closure of one lane

84. What are drivers who use the Greenberg Bridge recommended to do?

(A) Take an alternate route
(B) Reduce their driving speed
(C) Make way for emergency vehicles
(D) Listen for updates

85. What will listeners probably hear next?

(A) A weather forecast
(B) A talk show
(C) A news report
(D) A commercial message

GO ON TO THE NEXT PAGE

◀ 54

86. What type of business is being advertised?

(A) A flooring company
(B) A plumber
(C) A gardening service
(D) A car rental shop

87. According to the advertisement, what has the company recently done?

(A) Extended its business hours
(B) Opened a new location
(C) Introduced a new service
(D) Renovated its office

88. What does the man mean when he says "How can you pass up this chance"?

(A) He looks forward to serving customers.
(B) His company is going out of business soon.
(C) The offer is a very good deal for listeners.
(D) He doesn't understand why a decision was made.

◀ 55

89. Where is the speaker calling?

(A) A dental office
(B) A beauty salon
(C) A cosmetic company
(D) A department store

90. What does the speaker imply when she says, "And tomorrow morning is the only time that my dentist can fit me in this week"?

(A) Her dentist will be busy next week.
(B) She cannot visit Ms. Tanaka tomorrow.
(C) She has to cancel her hotel reservation.
(D) Her qualifications are suitable for a job.

91. What is the listener asked to do?

(A) Attend a meeting
(B) Check an inventory
(C) Make a reservation for dinner
(D) Return a call

GO ON TO THE NEXT PAGE

◀ 56

92. What is the message about?

    (A) A property lease
    (B) Cleaning a room
    (C) A job offer
    (D) Finding a better supplier

93. Why does Ms. Samad want to sign an agreement with Mr. Landgraf?

    (A) He has relevant experience.
    (B) He is familiar with the town.
    (C) He is considering a longer contract.
    (D) He was the first person to contact her.

94. According to the speaker, when is the deadline for Mr. Landgraf to make a decision?

    (A) This evening
    (B) Tomorrow morning
    (C) Tomorrow evening
    (D) The day after tomorrow

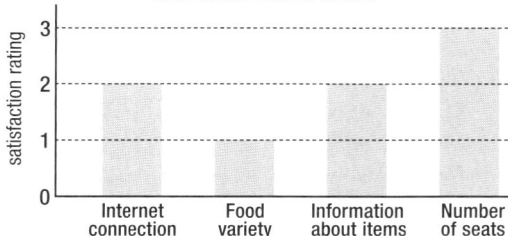

◀ 57

EMPLOYEE SATISFACTION

(bar chart: satisfaction rating)
- Internet connection: ~1.5
- Food variety: ~0.5
- Information about items: ~2
- Number of seats: ~3

95. What type of project is the speaker discussing?

(A) Opening a restaurant
(B) Changing an Internet service provider
(C) Making improvements to a cafeteria
(D) Enhancing employees' health

96. According to the speaker, what is a problem with the current network connection?

(A) It is slow.
(B) It is expensive.
(C) The password is hard to remember.
(D) The signal is weak in certain areas.

97. Look at the graphic. What does the speaker ask the listeners to discuss?

(A) The Internet connection
(B) Food variety
(C) Information about items
(D) The number of seats

GO ON TO THE NEXT PAGE

◀ 58

FLIGHT INFORMATION	
Flight No. / Destination	Departure Time
MA786 / Phoenix	11 A.M.
MA787 / Shanghai	12 P.M.
MA788 / New York	1 P.M.
MA789 / Nagoya	2 P.M.

98. Look at the graphic. What time will the plane departing from Gate B12 leave?

(A) 11 A.M.
(B) 12 P.M.
(C) 1 P.M.
(D) 2 P.M.

99. What caused an airplane to be delayed?

(A) Inclement weather
(B) Connecting flight issues
(C) Late baggage loading
(D) Mechanical trouble

100. According to the speaker, how can listeners get departure gate information?

(A) Ask a staff member in the terminal
(B) Call a special number
(C) Look at a display in the airport
(D) Proceed to their check-in counter

This is the end of the Listening test.
Turn to Part 5 in your test book.

GO ON TO THE NEXT PAGE

READING TEST

In the Reading test, you will read a variety of texts and answer several different types of reading comprehension questions. The entire Reading test will last 75 minutes. There are three parts, and directions are given for each part. You are encouraged to answer as many questions as possible within the time allowed.

You must mark your answers on the separate answer sheet. Do not write your answers in your test book.

PART 5

Directions: A word or phrase is missing in each of the sentences below. Four answer choices are given below each sentence. Select the best answer to complete the sentence. Then mark the letter (A), (B), (C), or (D) on your answer sheet.

101. Both Ms. Roswell ------- her secretary have been out of the office for the past two days.
(A) and
(B) or
(C) nor
(D) but

102. Any ------- to this equipment by non-factory authorized personnel automatically voids the product warranty.
(A) modify
(B) modified
(C) modifying
(D) modification

103. Mr. Francis, the new marketing manager, worked hard to complete the project -------.
(A) he
(B) him
(C) his
(D) himself

104. Busan Imports has many experienced staff members who can ------- handle any problems that arise.
(A) quick
(B) quickly
(C) quicken
(D) quicker

GO ON TO THE NEXT PAGE

105. At Transocean Shipping Lines, Inc., a ------- 10 percent of employees commute to work by bus.
 (A) brief
 (B) short
 (C) just
 (D) mere

106. The director of the hospital announced that a new north wing ------- in three months.
 (A) will be built
 (B) is building
 (C) builds
 (D) will be building

107. Nubian, Inc., researchers have ------- to find applications for their newly developed lightweight metal alloy.
 (A) never
 (B) still
 (C) already
 (D) yet

108. Items ordered via Belt Buyers' Web site are sent to its customers ------- three business days.
 (A) into
 (B) from
 (C) within
 (D) among

109. Mr. Nelson's new marketing strategy proposed at yesterday's meeting appears to be an innovative way of ------- customers.

(A) attract
(B) attractive
(C) attracting
(D) attraction

110. Zappit Power, Inc., extended its sincere ------- to its customers for the major blackout it caused in its service area.

(A) subscriptions
(B) performances
(C) apologies
(D) preparations

111. Pine Electronics' sales figures are expected to increase this quarter, ------- the popularity of its new Igza smartphone.

(A) so that
(B) because
(C) once
(D) given

112. ------- employee directories have been distributed to all personnel in the sales department.
(A) Update
(B) Updating
(C) Updated
(D) Updates

113. Garcia Manufacturing, Inc., is anticipating ------- growth in sales over the next three months.
(A) advanced
(B) substantial
(C) considerate
(D) insightful

114. The ------- completed fitness center on Jefferson Street will open to the public on May 7.
(A) recently
(B) currently
(C) usually
(D) shortly

115. Ascom, LLC, is a market research firm that ------- surveys to help retailers improve sales.
(A) questions
(B) concludes
(C) conducts
(D) inquires

116. ------- of Ms. Rodriguez's suggestions discussed at this week's staff meeting were adopted.

(A) Each
(B) Every
(C) Such
(D) All

117. Mayor Ken Kim stressed that the city must address the ------- need to boost employment.

(A) finalized
(B) immediate
(C) insufficient
(D) various

118. ------- reductions in the number of training sessions, the human resources department budget is still quite large.

(A) Although
(B) Whereas
(C) Provided that
(D) Despite

119. Francisca Rodriguez, author of *Life Line* is a ------- regarded novelist in Mexico.

(A) nearly
(B) originally
(C) previously
(D) highly

120. LJH Consulting ------- its employees that spaces would be limited during the parking structure renovation.
(A) advised
(B) required
(C) ensured
(D) explained

121. Employees need a special ------- in addition to a security badge to access the storage room.
(A) permits
(B) permission
(C) permitted
(D) permit

122. Pending ------- between the museum and the remodeling company have halted the Miami Museum refurbishment project.
(A) authenticity
(B) attention
(C) possibilities
(D) negotiations

123. The company picnic has been postponed ------- two weeks due to the forecasted inclement weather.
(A) by
(B) until
(C) opposite
(D) above

124. Customer service representatives are required to handle customer ------- in a cordial manner.
 (A) complain
 (B) complaints
 (C) complaint
 (D) complained

125. Ms. Khan ------- new manager Kevin Moore to factory employees during the weekly meeting.
 (A) welcomed
 (B) greeted
 (C) introduced
 (D) awarded

126. Experienced purchasing managers value quality of service ------- price when choosing a distributor.
 (A) instead
 (B) than
 (C) upon
 (D) over

127. A job ------- at a major investment house such as Axion, Inc., typically attracts hundreds of qualified candidates.
 (A) opens
 (B) opening
 (C) openings
 (D) opener

GO ON TO THE NEXT PAGE

128. Harvest Market, Inc., is experimenting with a new ------- of discount that rewards repeat customers.

(A) part
(B) type
(C) effort
(D) way

129. Harbor Breeze Textiles, Inc., had problems with many of its early products, but the new management team is dedicated to ------- improving quality.

(A) consist
(B) consisted
(C) consistent
(D) consistently

130. Directors at UHT, Inc., are ------- aware of their responsibility both to protect the environment and to work efficiently.

(A) keenly
(B) structurally
(C) eagerly
(D) viably

PART 6

Directions: Read the texts that follow. A word, phrase, or sentence is missing in part of each text. Four answer choices for each question are given below the text. Select the best answer to complete the text. Then mark the letter (A), (B), (C), or (D) on your answer sheet.

Questions 131–134 refer to the following article.

FRANKLIN, 5 MAY—The premiere of Eva Lee's documentary *A Woman In Medicine* was held last week at the Franklin City Theater. Many members of the press were in attendance to see the latest film by this ------- director.
131.

Ms. Lee formerly worked at Nakano Medical Clinic in Chesterfield. *A Woman In Medicine* is based on ------- own experiences there, and critics are giving
132.
it high marks for its realism.

The film details the challenges of one woman doctor's career, such as the difficulty of being a mother ------- handling a physician's responsibilities.
133.

The movie opens in theaters in selected cities this month. -------.
134.

131. (A) amendable
(B) probable
(C) renowned
(D) impressed

132. (A) their
(B) its
(C) his
(D) her

133. (A) during
(B) even
(C) while
(D) unless

134. (A) For example, she is planning to visit clinics across the country
(B) However, it is slated to be shown in over 300 theaters by August.
(C) In addition, it is important for local residents to see the movie before then.
(D) Accordingly, it has a chance to win the best new director award this year.

GO ON TO THE NEXT PAGE

Questions 135–138 refer to the following notice.

Meet the newest members of the BG Consulting Team! This year we are very ------- to be welcoming three new consultants to Bangalore Genius Consulting.
135.

Rakesh Gupta, Swati Kumar and Narayan Agarwal were selected from over 500 ------- for entry positions at our prestigious firm.
136.

An informal ------- will be held this Friday afternoon in the company cafeteria to give you all a chance to meet and greet these three newest members of our team. -------. Details for that will be sent to you by e-mail.
137.
138.

135. (A) please
(B) pleased
(C) pleasing
(D) pleasant

136. (A) visitors
(B) interviewers
(C) applicants
(D) locations

137. (A) reception
(B) receive
(C) receipt
(D) receivable

138. (A) Additionally, we are organizing a dinner for those who wish to participate.
(B) Therefore, we need to book the restaurant right away.
(C) Otherwise, we will meet each other on the afternoon of that day.
(D) Dress code for the occasion is casual, instead.

Questions 139–142 refer to the following memo.

To: All Warehouse Personnel
From: George Armas, Director of Operations
Date: June 29
Re: Annual Warehouse Closing

As you are aware, every summer we close our main warehouse on Dixon Boulevard for annual maintenance and to make room for our fall merchandise. -------. **139.** It is expected to last two weeks.

During this period, any remaining summer merchandise will be moved from the Dixon Boulevard ------- **140.** to our location on Third Street. As soon as the work is -------, **141.** the Dixon Boulevard warehouse will resume operations as usual.

This year the project leader for the move is Denise Mooling, ------- **142.** was promoted to logistics manager in May.

Thank you all for your cooperation during this period.

139. (A) I think this is the best season.
 (B) This routine work will start on July 4.
 (C) Please follow the following directions.
 (D) We are sure it was not expensive.

140. (A) floor
 (B) mall
 (C) facility
 (D) office

141. (A) complete
 (B) completion
 (C) completely
 (D) completing

142. (A) which
 (B) who
 (C) whose
 (D) what

Questions 143–146 refer to the following e-mail.

To: avanda@sdlibrary.gov.uk
From: tderrick@sdlibrary.gov.uk
Date: 10 April
Re: Questionnaire

Hi Anna,

Our library ------- money so that we can add more selections to our collection.
143.

As you know, the amount of money collected exceeded our expectations. Now there is more than £4,000 which can be ------- to things other than new books.
144.

I would like you to conduct a survey of library patrons regarding how the money should be used to improve our library. This information will be important at our next budget -------, which is scheduled to be held in three weeks. -------. Please let me know if you have any questions.
145.
146.

Regards,

Derrick Tran

143. (A) raises
(B) is raising
(C) has raised
(D) will have raised

144. (A) saved
(B) allocated
(C) preserved
(D) imposed

145. (A) proposal
(B) change
(C) draft
(D) meeting

146. (A) In short, we should ask library users for more help.
(B) Unfortunately, the deadline has already passed.
(C) Therefore, the survey results should be ready by then.
(D) The library will close temporarily while the work is done.

GO ON TO THE NEXT PAGE

PART 7

Directions: In this part you will read a selection of texts, such as magazine and newspaper articles, e-mails, and instant massages. Each text or set of texts is followed by several questions. Select the best answer for each question and mark the letter (A), (B), (C), or (D) on your answer sheet.

Questions 147–148 refer to the following advertisement.

GAME NOT OVER

Summer Sale!

Summer is here
and it's time for our once-a-year clearance sale.
Buy previously-owned video games
at big discounts over new prices.
Buy 2 games at the regular price and get a third game free!
Show this advertisement and receive an extra 10%
for any game we buy from you.
HAPPY GAMING!

Store Hours

Monday, Tuesday, Thursday, and Friday: 10 A.M.– 9 P.M.
Saturday and Sunday: 11 A.M. – 7 P.M.

147. What is being advertised?

    (A) An annual sale
    (B) Used cars
    (C) Stationery
    (D) A sporting event

148. What day is the shop closed?

    (A) Tuesday
    (B) Wednesday
    (C) Thursday
    (D) Sunday

Questions 149–150 refer to the following text message chain.

Susanna Wilken March 5, 11:23 A.M.
Hi James. Can you do me a favor?

James Peremansy March 5, 11:24 A.M.
Sure. What is it?

Susanna Wilken March 5, 11:25 A.M.
Can you call Lamphier Solutions in Portland and tell them I'll be late? My flight has been delayed. I thought I would arrive on time, but I don't think it's possible now.

James Peremansy March 5, 11:26 A.M.
OK. What time do you think you will arrive at their office?

Susanna Wilken March 5, 11:27 A.M.
Probably around 4 P.M. Got to go. They're boarding now.

James Peremansy March 5, 11:28 A.M.
All right. Leave it to me. Have a safe flight.

Susanna Wilken March 5, 11:29 A.M.
Thanks.

149. Where most likely is Ms. Wilken?
- (A) At a hotel
- (B) At an airport
- (C) In an office
- (D) In a taxi

150. At 11:28 A.M., what does Mr. Peremansy mean when he writes "Leave it to me"?
- (A) He needs to call to check some numbers.
- (B) He will do what Ms. Wilken has asked him to do.
- (C) He will book another flight immediately.
- (D) He intends to help her when he gets home.

GO ON TO THE NEXT PAGE

Questions 151–152 refer to the following letter.

30 September

Midtown Community Hospital
101 Spruce Street
Edinburgh, EH1 1HS

To whom it may concern:

Enclosed please find my gift to the children's wing of the Midtown Community Hospital. I am proud to be able to lend a helping hand for such an important cause and such an essential institution in our fair city. I also intend to get in touch with my personal acquaintances and business colleagues and advise them to join me in making a financial contribution to your organization. I hope this will help you meet the fundraising goals you mention in your advertisements. Together, we really can make a positive difference. Thank you for the tremendous work that you do to help our community's precious children.

Kindest regards,

Cynthia Hutchins

Cynthia Hutchins
Owner, Hutchins Designs

151. What most likely accompanied the letter?

    (A) A doctor's prescription
    (B) A children's toy
    (C) A monetary donation
    (D) A gift certificate

152. What does Ms. Hutchins plan to do?

    (A) Contact her business associates
    (B) Volunteer at a local hospital
    (C) Seek additional medical advice
    (D) Enroll her children in a community program

Questions 153–154 refer to the following boarding pass. ◀ 67

BOARDING PASS
Pablo Air

Passenger: Ms. Gabriela Chaves
    Flight number: PAD567 **Class:** Business **Seat:** 2C
Frequent Flyer Number: 7589790

Travel from: Iowa City   **Travel to:** São Paulo

Stop(s): 2 (Dallas, Panama City) Connecting gates will be announced during the flights.

Boarding time: Friday, January 5, 8:30 A.M.
Arrival time: Friday, January 5, 11:40 P.M.

Departure gate: E38

Meals served: Yes (lunch and dinner)

In-flight entertainment package: Yes

Wi-Fi service: Yes

153. What is Ms. Chaves' final destination?
- (A) Panama City
- (B) Iowa City
- (C) Dallas
- (D) São Paulo

154. What is NOT indicated about Ms. Chaves on the boarding pass?
- (A) She is a member of Pablo Air's frequent flyer program.
- (B) She will be served three meals during the trip.
- (C) She can use the Internet during the flight.
- (D) She will change planes more than once.

GO ON TO THE NEXT PAGE

Questions 155–157 refer to the following e-mail.

To:	telric@grandmail.co.nz
From:	dbrakit@mlslife.co.nz
Subject:	It is time to renew your insurance
Date:	10 March

Mr. Elric,

Thank you for being a loyal customer of MLS Life. — [1] —. According to our records, your homeowner's policy will expire on 31 March.

If you would like to renew your coverage, please let us know at your earliest convenience. — [2] —. As a renewing customer who did not make a claim in the previous year, you will receive the 10% discount we offer to returning customers if you renew before the expiration date. — [3] —.

Should you have any questions or concerns, please do not hesitate to call me at the agency at 333-555-9841. — [4] —.

We look forward to continuing to serve you in the future.

Sincerely,

Don Brakit
MLS Life Agent

155. What is indicated about Mr. Elric?

(A) His current agreement will last until March 10.
(B) He can contact a customer service center anytime.
(C) He was compensated by MLS Life last year.
(D) He can receive a discount if he renews the contract before April.

156. The word "coverage" in paragraph 2, line 1, is closest in meaning to

(A) report
(B) broadcast
(C) insurance
(D) range

157. In which of the positions marked [1], [2], [3], and [4] does the following sentence best belong?

"Therefore, we strongly recommend that you make a decision as soon as possible."

(A) [1]
(B) [2]
(C) [3]
(D) [4]

Questions 158–160 refer to the following notice.

An Evening with Clarence Underwood

Boundaries Booksellers
504 La Jolla Dr. 92037

Boundaries Booksellers' La Jolla location, one of the largest bookstores in the United States, is proud to host a special visit by Clarence Underwood on Thursday, February 15. Mr. Underwood is an internationally famous wildlife photographer and cinematographer.

Mr. Underwood's latest documentary film, entitled *Wingspan: Migratory Flights across the North American Continent*, earned international recognition by winning a prize for Best Nature Documentary last year. This extraordinary film follows a flock of geese from the Canadian province of Quebec to Pennsylvania in the United States.

The visit is part of a 3-month signing tour in conjunction with the February 6 release of *Wingspan* on DVD, now available at all Boundaries locations. Mr. Underwood's previously published works, including his best-selling photographic journals *Bird Species of South America* and *Birdwatcher's Guide to Australia*, will also be available for purchase and signing by the author during his visit.

Do not miss this opportunity to own this amazing film on DVD and have it signed by the La Jolla resident, Mr. Underwood, who is one of the world's foremost wildlife experts.

158. What is the purpose of the notice?

    (A) To announce an in-store appearance
    (B) To promote a photography workshop
    (C) To advertise a sale at a bookstore
    (D) To publicize a film festival

159. What is indicated about *Wingspan*?

    (A) It took three months to produce.
    (B) It was honored with an award.
    (C) It debuted in theaters on February 6.
    (D) It was filmed exclusively in Canada.

160. What is suggested about Mr. Underwood?

    (A) He edits journals.
    (B) He is a famous biologist.
    (C) He lives in the United States.
    (D) He owns a bookstore.

GO ON TO THE NEXT PAGE

Questions 161–163 refer to the following e-mail.

E-Mail Message	
From:	Janice Wang jwang@yettitech.com
To:	Marty Knox mknox@yettitech.com
Date:	July 20
Re:	Four Corners inquiry

Marty,

I am writing in response to your July 18 request for use of a conference room at Four Corners Association conference hall on August 10. We regret to have to inform you that we are unable to approve. This venue is not included on our list of pre-accepted meeting sites.

If you would like the venue to be evaluated as a potential site for future conferences, please provide us with a name of a booking agent, telephone number, and reasons as to why the venue is particularly suited to your specific needs.

Please feel free to call me tomorrow morning at the head office to discuss alternative venue options for your meeting next month. We suggest employees use our own onsite conference rooms for their meetings whenever possible. Use of outside locations is only authorized when our conference rooms lack sufficient capacity or are unavailable due to a previous booking.

Best regards,

Janice

161. What is the purpose of this e-mail?

    (A) To reserve a seat at a conference
    (B) To decline a request to use a facility
    (C) To inquire about the availability of a venue
    (D) To confirm a meeting agenda

162. What is NOT mentioned as necessary to have a location considered for approval?

    (A) A representative's name
    (B) A telephone number
    (C) A written estimate
    (D) A reason for use

163. According to Ms. Wang, what are employees encouraged to do?

    (A) Telephone her to cancel meetings
    (B) Talk to a coordinator when reserving a venue
    (C) Hold meetings on company premises
    (D) Use conference rooms with more than two people

GO ON TO THE NEXT PAGE

Questions 164–167 refer to the following letter.

17 February

Phillip Alcott
BGX Designs
Ottawa, Ontario K1P 1J1

Dear Phillip Alcott:

I am writing on behalf of Woody Parker in regard to his application for the summer internship position advertised by BGX Designs. Mr. Parker is a computer graphic arts major here at Springfield University. He is now in his senior year and on track to graduate this fall.

Mr. Parker, a former student of mine, took my design application course, which I have taught here for the past seven years. While I have been a professor at the university, I have had the privilege of teaching many talented and intelligent students, but Mr. Parker's hard work and extraordinary attention to detail made him stand out.

Never have I been more confident in the future success of one of my students. If I was a recruiter at your company, I could not imagine a candidate with more potential than Mr. Parker. Please give him due consideration for the position.

Sincerely,

Sally Panderhousen

Sally Panderhousen
Associate Professor

164. What is the purpose of the letter?
 (A) To request a position at BGX Designs
 (B) To recommend a candidate for an internship
 (C) To solicit a donation for a scholarship fund
 (D) To provide details about a university course

165. What is mentioned about Ms. Panderhousen?
 (A) She was a highly gifted student.
 (B) She used to sell computers.
 (C) She was a recruiter at a company.
 (D) She has taught Mr. Parker before.

166. The word "due" in paragraph 3, line 4, is closest in meaning to
 (A) deserved
 (B) outstanding
 (C) terminable
 (D) dropped

167. What does Ms. Panderhousen say about Woody Parker?
 (A) He is on the faculty at Springfield University.
 (B) He was introduced to her seven years ago.
 (C) He does his work with extreme care.
 (D) He intends to study abroad in the fall.

GO ON TO THE NEXT PAGE

Questions 168–171 refer to the following online chat discussion.

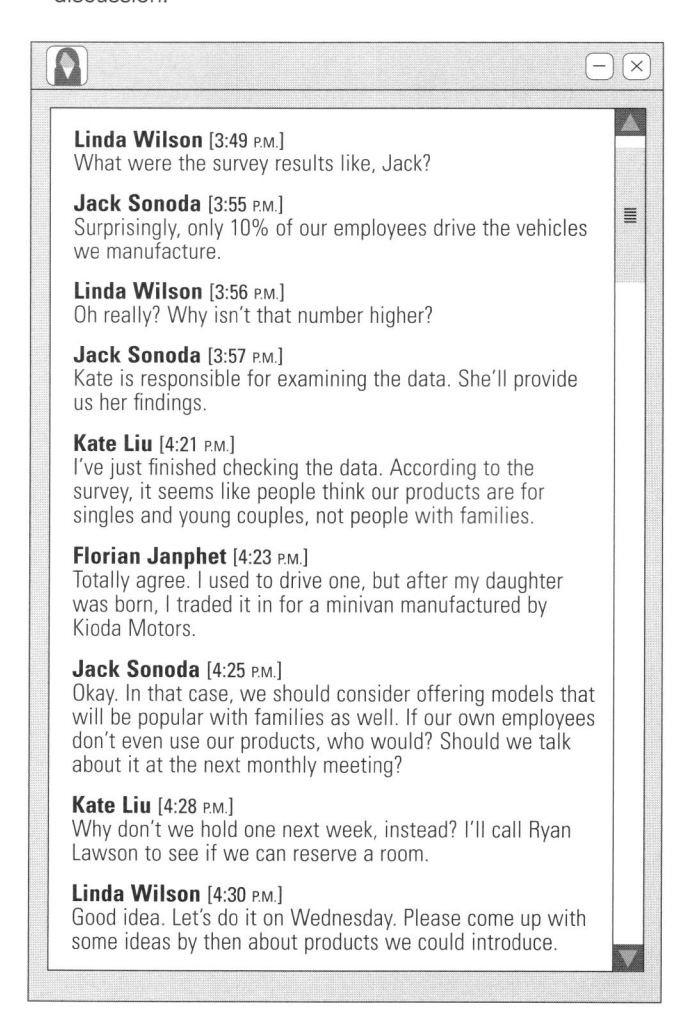

Linda Wilson [3:49 P.M.]
What were the survey results like, Jack?

Jack Sonoda [3:55 P.M.]
Surprisingly, only 10% of our employees drive the vehicles we manufacture.

Linda Wilson [3:56 P.M.]
Oh really? Why isn't that number higher?

Jack Sonoda [3:57 P.M.]
Kate is responsible for examining the data. She'll provide us her findings.

Kate Liu [4:21 P.M.]
I've just finished checking the data. According to the survey, it seems like people think our products are for singles and young couples, not people with families.

Florian Janphet [4:23 P.M.]
Totally agree. I used to drive one, but after my daughter was born, I traded it in for a minivan manufactured by Kioda Motors.

Jack Sonoda [4:25 P.M.]
Okay. In that case, we should consider offering models that will be popular with families as well. If our own employees don't even use our products, who would? Should we talk about it at the next monthly meeting?

Kate Liu [4:28 P.M.]
Why don't we hold one next week, instead? I'll call Ryan Lawson to see if we can reserve a room.

Linda Wilson [4:30 P.M.]
Good idea. Let's do it on Wednesday. Please come up with some ideas by then about products we could introduce.

168. Where do the writers probably work?

    (A) At an automobile manufacturer
    (B) At an antique dealer
    (C) At a toy retailer
    (D) At a real estate agency

169. Who is in charge of analyzing survey results?

    (A) Ms. Wilson
    (B) Mr. Janphet
    (C) Ms. Liu
    (D) Mr. Lawson

170. What is suggested about the existing products of the writers' company?

    (A) They are produced in many countries.
    (B) They are rated highly by its employees.
    (C) They are not favored by people with families.
    (D) They were introduced to the public a long time ago.

171. At 4:28 P.M., what does Ms. Liu most likely mean when she writes, "Why don't we hold one next week, instead"?

    (A) She will be busy next week as usual.
    (B) She believes that it is better to have a meeting sooner.
    (C) She does not think that the room will be large enough.
    (D) She is not sure about her schedule for next month yet.

GO ON TO THE NEXT PAGE

Questions 172–175 refer to the following article.

SEOUL—February 24. Korean electronics manufacturer Daeyon Technologies has announced the purchase of Tom Vet Corporation, a Thai manufacturer and distributor of wireless communication devices and home appliances. The announcement marks the end of nearly a year of negotiations between the two companies that started in the spring of last year. — [1] —. In addition to cost advantages of manufacturing in Thailand, industry analysts point out that Tom Vet's extensive distribution network throughout Southeast Asia including Indonesia is strategically beneficial to Daeyon.

Speaking at a press conference on Monday, February 22, Daeyon CEO Hyun Su Lee outlined the strategic reasoning behind the move and Daeyon's vision for Southeast Asia. "Globalization creates a great opportunity for Asian manufacturing," said Lee. Korean automobiles are now considered by many to be of exceptionally high quality, and the same is true of Korean electronics and computer components. They are getting popular overseas especially in Southeast Asia. — [2] —. That is why Daeyon sees it as the next frontier and wants to get its foot in the door early.

Daeyon plans to invest $2 billion over the next four years to expand and modernize Tom Vet manufacturing plants and equip them for production of flat-screen TVs. — [3] —. Although neither Daeyon nor Tom Vet currently produces televisions, heads of both companies express confidence that they are making the right decision. — [4] —. Investors and analysts seem to agree.

172. What is the main purpose of the article?

(A) To promote new wireless technology
(B) To report a business acquisition
(C) To announce the opening of an electronics store
(D) To highlight the career of a local executive

173. According to analysts, what aspect of Tom Vet benefits Daeyon?

(A) Its existing distribution network
(B) Its wide range of appliances
(C) Its decision to relocate to Korea
(D) Its business contacts in Seoul

174. According to the article, what happened earlier in the week?

(A) Merger negotiations began.
(B) An announcement was made to the media.
(C) A Daeyon executive traveled to Bangkok.
(D) A new product debuted in stores.

175. In which of the positions marked [1], [2], [3], and [4] does the following sentence best belong?

"Furthermore, many countries in the region are modernizing very quickly."

(A) [1]
(B) [2]
(C) [3]
(D) [4]

GO ON TO THE NEXT PAGE

Questions 176–180 refer to the following advertisement and e-mail.

Classified Ads

Position:
Planning Officer

Phillips & Akins, Inc., a U.S.-based company recognized for its high quality cosmetics and skin care products, seeks Planning Officer to be responsible for strategic planning in the ongoing global expansion of its business.

Duties will include conducting analysis of commercial business performance, setting appropriate objectives, establishing standards to measure operational effectiveness, and making recommendations for improvements.

The Planning Officer will work at the global headquarters in New York City. Furthermore, there already exists a well-trained staff, so training of subordinates is not required.

The successful candidate must be a university graduate in marketing or a related business field. An advanced business degree, such as an MBA, is a plus. Only candidates with at least 3 years of experience in a management role will be considered. Applicants must be fluent in English as well as Mandarin or other Asian language. Willingness to travel extensively throughout Asia is mandatory for the position.

Send résumé and cover letter to Philip Takeda: ptakeda@pai.com

To:	Philip Takeda
From:	Amanda Pitt
Date:	September 5
Subject:	Interview

Dear Mr. Takeda:

Thank you for taking time from your busy schedule to interview me today. After I met you in person, I became more confident that I am right for the position. You mentioned that your company is planning to expand into the Asian market next year. I forgot to tell you during the interview that I have been studying Mandarin intensively for three years now, and am quite fluent. I am also happy to travel to Asian countries frequently. Even though I just started as a manager, I am sure that my qualifications will be beneficial to your company.

Thank you again for your consideration.

Best regards,

Amanda Pitt

176. In the advertisement, the word "recognized" in paragraph 1, line 1, is closest in meaning to

(A) understood
(B) acknowledged
(C) noticed
(D) identified

177. What is indicated about Phillips & Akins, Inc.?

(A) It is a recently established company.
(B) Its headquarters is in Asia.
(C) It is undergoing an expansion.
(D) It sponsors university scholarships.

178. What is NOT a listed responsibility of the Planning Officer?

(A) Defining standards to evaluate efficiency
(B) Setting operational goals
(C) Training employees
(D) Suggesting ways to improve performance

179. Why does Ms. Pitt write to Mr. Takeda?

(A) To express her appreciation for a gift he sent to her
(B) To ask him for a follow-up meeting
(C) To inform him that she often visits Asia these days
(D) To provide information she did not mention during the interview

180. Which qualification does Phillips & Akins require but Ms. Pitt lack?
  (A) Willingness to travel overseas
  (B) An MBA degree
  (C) Extensive management experience
  (D) Fluency in an Asian language

Questions 181-185 refer to following notice and e-mail.

Golden Gym

Come visit our new health club in Potts Point! As patrons of Golden Gym in Sydney, you will be granted special access to this new facility. This free preview event allows you to experience it before anybody else. You will see why a membership that enables you to use both facilities for just $5 more a month is well worth it. The Potts Point facility picks up our tradition of fitness excellence and adds a number of services our members will love.

Event Date: Friday, 8 December
Time: 12:00 P.M. – 8:00 P.M.

Take a tour of the facility and meet our knowledgeable instructors.

Here are some reasons
why you should try this new facility:

- Geyser Pool with swimming lessons and aqua fitness classes
- Great Exercise Room with over 100 state-of-the-art fitness machines
- Gazelle Store offering a wide selection of protein products and exercise clothing
- Garden Café serving nutritious soups, salads, juices and shakes

This facility opens to the public on Saturday, 16 December.
Participate in a drawing to win a Golden Gym T-shirt!

```
═══════════════ E-Mail Message ═══════════════
```

To:	orudokova@goldengym.au
From:	tgordon@richardcommunications.au
Date:	11 December
Subject:	Registration
Attachment:	📎 Form

Dear Ms. Rudakova,

Thank you for the tour of your club last Friday. Our Richards Telecommunications employees were really excited to see how your facilities have turned out. After we came back to our office, our board of directors decided to pay for memberships at your new facility for all employees in the company. I have attached the registration form including information about a number of employees who are already Golden Gym members.

You mentioned we can obtain a special group rate as well as vouchers which can be used in your store if we register before the grand opening for the public. That is why I am notifying you now.

Should you have any questions, please do not hesitate to call me at (02)5555-0188.

Sincerely,

Gordon Tallie

181. What is the main purpose of the notice?

(A) To encourage people to participate in a contest
(B) To invite members to see a new facility
(C) To ask some people to renew their contracts
(D) To inform shoppers of a retail store's grand opening

182. The phrase "picks up" in paragraph 1, line 7 in the notice, is closest in meaning to

(A) fetches
(B) collects
(C) continues
(D) improves

183. What is NOT mentioned about Golden Gym?

(A) It is giving away T-shirts to all members.
(B) It is equipped with a swimming pool.
(C) It provides discounted rates for large groups.
(D) It has a place where people can eat.

184. What is attached to the e-mail?

(A) Directions to a gym
(B) A copy of a check
(C) Blueprints
(D) A registration form

185. What is suggested about Mr. Tallie's employees?

(A) None of them are currently members of Golden Gym.
(B) They can buy food at reasonable prices.
(C) All of them attended an event on December 8.
(D) They can get a discount on exercise clothes.

Questions 186–190 refer to the following time table, notice, and e-mail.

• Last buses

	JONES & BEACH	4TH ST & CASTRO	HYDE & MARKET	TAYLOR & BAY	NOB HILL
M17	10:00 P.M.		10:35 P.M.	11:05 P.M.	11:40 P.M.
M19	10:05 P.M.	10:45 P.M.		11:30 P.M.	
K22	6:30 P.M.				7:30 P.M.
K32	7:20 P.M.		8:05 P.M.		8:45 P.M..

Michigan Transit Authority announced today that they need to suspend M19 bus service from June 20 through 27 due to a construction project on 4th Street. Passengers who need to go to the Castro area are advised to take the subway instead. Express buses, including K22 and K32, will operate as usual.

Also bear in mind, on July 1, there will be increased bus service to accommodate the vast number of people expected to attend the Florian Film Festival, held at the Jones Theater. The last K32 bus will depart Jones & Beach at 8:20 P.M. on that day.

E-Mail Message

To:	Victor Macedo
From:	Lisa Grace
Date:	June 28
Subject:	Film festival

Hey Victor,

I just got two tickets for the Florian Film Festival. I heard from Karen that you were really interested, but you couldn't get a ticket. My cousin was supposed to go with his wife, but his uncle got sick and they need to visit him. So he gave me the tickets.

Do you still want to go? If so, please let me know. Also, I'll have dinner with Mary after the festival, and we'd love for you to join us. We have to finish dinner by around 9:30 P.M. so I can take the last bus that goes to Hyde & Market.

Bye,

Lisa

186. What is the main purpose of the notice?

(A) To provide information about a movie
(B) To explain how to receive a discount
(C) To inform people about a fare increase
(D) To notify people about service changes

187. What time does the last bus arrive at Taylor & Bay on June 25?

(A) 10:55 P.M.
(B) 11:05 P.M.
(C) 11:30 P.M.
(D) 11:40 P.M.

188. Why did Ms. Grace write the e-mail to Mr. Macedo?

(A) To ask him for a ride
(B) To invite him to lunch
(C) To offer him a ticket
(D) To introduce her friend

189. Why can Ms. Grace's cousin not attend the festival?

(A) His relative is sick.
(B) He has to go on a business trip.
(C) He has a doctor's appointment.
(D) His vehicle needs to be repaired.

190. Which bus will Ms. Grace probably take on July 1?
- (A) M17
- (B) M19
- (C) K22
- (D) K32

GO ON TO THE NEXT PAGE

Questions 191–195 refer to the following review, menu, and comment card.

Review from One Planet Guide to Indonesia

DINING IN SOUTH SANUR
Château Le Blanc
TEL. 287424; Jl Kesumasari 224-A

If you are looking for a break from traditional Balinese food while traveling in Bali, and if you are not on a tight budget, Château Le Blanc offers fine French cuisine in the heart of South Sanur. Every entrée that we tried was delicious, although the prices were quite high compared to other dining establishments in the area.

* * *

The restaurant has great entrées created by its owner and head chef Seth Demarco, who attended the prestigious French Academy of Culinary Arts in Paris. I highly recommend Bar au Beurre Blanc and Saumon Sauce Endives.

* * *

Make sure to fill out the comment card that they bring you along with your bill. If you complete it, they mail you a credit voucher good for a complimentary appetizer on a future visit. This offer will last until May 5.

Château Le Blanc

Entrées

Poulet à la Provençale — Rp 300,000
　chicken breast tenderloin sautéed with garlic, tomatoes, and capers

Soleil Sauce Gingembre — Rp 360,000
　pan-seared sea scallops in a ginger-lime sauce

Bar au Beurre Blanc — Rp 390,000
　seared sea bass with crab in a butter sauce

Carré d'Agneau — Rp 450,000
　roasted rack of lamb served over a roasted garlic demi-glace

Saumon Sauce Endives — Rp 430,000
　salmon sautéed with endive, shallots, lemon and butter

Château Le Blanc Comment Card

Date: 3 May
Name: Flora Singh   **E-mail:** sflora712@knmail.co.uk
Comments:
I am happy that I came across your restaurant while casually reading a review in *One Planet Guide to Indonesia*, as I often travel to Bali on business. I usually eat at the Balinese places while I am here, but that can get a little tiring during extended stays. In general, I enjoyed my meal, but what I did not particularly care for was the entrée, which was recommended in the guidebook. I think the lemon overpowered the fish and it was too sour. However, the server was very courteous and understanding, and the food was not included on my bill. I will definitely come back the next time I am in Bali.

GO ON TO THE NEXT PAGE ➤

191. What is NOT mentioned in the review?

(A) Food at Château Le Blanc is not very affordable.
(B) Mr. Demarco owns Château Le Blanc.
(C) Mr. Demarco studied in Paris.
(D) Château Le Blanc serves Balinese food.

192. On the comment card, the word "extended" in paragraph 1, line 5, is closest in meaning to

(A) broad
(B) long
(C) delayed
(D) offered

193. What will Ms. Singh probably receive from Château Le Blanc?

(A) A discount on dessert
(B) A guidebook
(C) A coupon for free food
(D) A special sauce

194. Which entrée did Ms. Singh order?

(A) Carré d'Agneau
(B) Bar au Beurre Blanc
(C) Soleil Sauce Gingembre
(D) Saumon Sauce Endives

195. According to the comment card, what is indicated about Ms. Singh?

(A) She read about the restaurant online.
(B) She often comes to Bali with her family.
(C) She paid money for two entrées.
(D) She felt that the server was friendly.

Questions 196–200 refer to the following schedule, Web page, and e-mail.

FORESTA SEA TRAVEL
Caribbean Cruise Specials

PACKAGE CODE	DATES	DEPARTS	ITINERARY	FARE* ADULT	FARE* CHILD
MIACG18	Oct 3–7	Miami	Cozumel, Grand Cayman	$439	$219
MIAOG24	Oct 9–13	Miami	Ocho Rios, Grand Cayman	$559	$369
MIANS71	Oct 14–18	Miami	Nassau, St. Thomas	$419	$279
FTLSS13	Oct 21–26	Ft. Lauderdale	St. Maarten, San Juan, St. Lucia, Barbados	$629**	$499**

* Fares include cabin charges and all meals onboard, nightly shows and children's activities. Fares do not include port fees or taxes.

**Passengers fly back to Ft. Lauderdale from Barbados directly. (one-way airfare included)

```
http://forestaseatravel/reservation
```

FORESTA SEA TRAVEL

| Home | **Reservation** | Schedules | About Us |

Foresta Sea Travel offers a wide array of cruise packages.

There are excellent optional excursions at each destination, including a guided tour of the craft market in Nassau, scuba diving lessons in Cozumel, cooking lessons with a Jamaican chef in Ocho Rios, and a tour of the 18th century Spanish fort in San Juan.

To reserve a cruise, click here.

To change or cancel an existing reservation, call us at 800-555-8741 or send us an e-mail at cruises@forestaseatravel.com. Please note that changes or cancellations made fewer than 7 days before departure incur a 40% cancellation fee.

Date:	October 10
From:	Theresa Kasuga
To:	cruises@forestaseatravel.com
Subject:	My Cruise

To Whom It May Concern:

I made a reservation for your cruise going to Nassau. I booked a cabin for two adults and two children, but my husband will be unable to go due to an urgent business trip. Therefore, we have to cancel our reservation. Please let me know what I need to do to cancel it.

Best regards,
Theresa Kasuga

196. What can be said about the cruise leaving from Ft. Lauderdale?

(A) It stops in Nassau.
(B) Passengers return by airplane.
(C) It includes a free optional tour.
(D) Special meals cost extra.

197. What is NOT included in the price of the cruises?

(A) Transportation to and from a hotel
(B) Onboard food
(C) Evening entertainment
(D) Activities for family members

198. What activity is available for passengers traveling to Ocho Rios?

(A) Going on a shopping trip
(B) Swimming in the ocean
(C) Learning to prepare food
(D) Visiting a historical building

199. What is the code of the cruise on which passengers can learn scuba diving?

(A) MIACG18
(B) MIAOG24
(C) MIANS71
(D) FTLSS13

200. What can be inferred about Ms. Kasuga?

(A) She needs to pay a cancellation fee.
(B) She wants to reserve an optional service.
(C) She made her reservation on a Web site.
(D) She will participate in a guided tour.

Stop! This is the end of the test. If you finish before time is called, you may go back to Parts 5, 6, and 7 and check your work.

模試　解答一覧

Part 1
1. A　2. C　3. A　4. B　5. C　6. D

Part 2
7. B　8. B　9. A　10. B　11. B　12. C　13. B　14. A　15. C　16. C
17. A　18. C　19. B　20. B　21. C　22. A　23. A　24. B　25. B　26. A
27. C　28. C　29. B　30. C　31. A

Part 3
32. C　33. B　34. A　35. B　36. C　37. A　38. C　39. D　40. B　41. C
42. D　43. D　44. B　45. C　46. A　47. A　48. B　49. D　50. D　51. A
52. C　53. C　54. B　55. B　56. B　57. A　58. B　59. C　60. A　61. D
62. C　63. C　64. D　65. A　66. B　67. B　68. B　69. A　70. D

Part 4
71. C　72. D　73. C　74. C　75. C　76. D　77. A　78. B　79. D　80. C
81. C　82. B　83. A　84. A　85. D　86. A　87. C　88. C　89. B　90. B
91. D　92. A　93. C　94. B　95. C　96. A　97. B　98. A　99. D　100. C

Part 5
101. A　102. D　103. D　104. B　105. D　106. A　107. D　108. C　109. C　110. C
111. D　112. C　113. B　114. A　115. C　116. D　117. B　118. D　119. D　120. A
121. D　122. D　123. A　124. B　125. D　126. D　127. B　128. B　129. D　130. A

Part 6
131. C　132. D　133. C　134. B　135. B　136. C　137. A　138. A　139. B　140. C
141. A　142. B　143. C　144. B　145. D　146. C

Part 7
147. A　148. B　149. B　150. B　151. C　152. A　153. D　154. B　155. D　156. C
157. C　158. A　159. B　160. C　161. B　162. C　163. C　164. B　165. D　166. A
167. C　168. A　169. C　170. C　171. D　172. B　173. A　174. C　175. B　176. B
177. C　178. C　179. D　180. D　181. C　182. C　183. A　184. D　185. D　186. B
187. B　188. C　189. A　190. D　191. D　192. B　193. C　194. D　195. D　196. B
197. A　198. C　199. A　200. A

しっかり復習して
スコア UP!

TOEIC® TEST模試
解説と語彙

問題難度の目安

易★　普通★★　難★★★

ここからが
勝負です!

Part 1 解答と解説

1.

(A) A man is talking on the phone.
(B) A man is assembling a workstation.
(C) A man is lifting a computer monitor.
(D) A man is looking out a window.

(A) 男性が電話で話している。
(B) 男性が仕事机を組み立てている。
(C) 男性がコンピューターのモニターを持ち上げている。
(D) 男性が窓の外を見ている。

正解 (A) ★

男性がコンピューターの前で電話をしている写真。これを talk on the phone「電話で話す」という TOEIC 頻出の表現で適切に描写した (A) が正解です。(B) は workstation「仕事机」は写ってはいますが組み立ててはいないので不可。(C) もコンピューターモニターは写っていますが動作が違います。(D) も窓は写っていますが男性の動作が違います。このように 1 人の人が写っている写真ではまず動作に注目しましょう。

🧑 assemble には「集まる」という意味もあるので要注意。

🚌 語注
- assemble　動　〜を組み立てる・〜を集める・集まる　類 gather
- workstation　名　仕事机
- lift　動　〜を持ち上げる
- look out a window　窓の外を見る

2.　　　　　　　　　　　　　　　　　　　　　　🇨🇦 ◀ 03

(A) People are placing luggage on a baggage rack.
(B) People are walking on a street.
(C) People are riding public transportation.
(D) People are packing their bags.

(A) 人々は荷物を網棚に載せているところだ。
(B) 人々が道を歩いている。
(C) 人々が公共交通機関に乗っている。
(D) 人々が荷造りをしている。

正解 (C)　★★

人々が電車に乗っている写真です。電車を public trans-

97

Part 1 解答と解説

portation「公共交通機関」というグループの総称で言い換えている (C) が正解です。このようにグループの総称を使った言い換えは正解の選択肢によく出てきます。(A) は luggage「荷物」と baggage rack「網棚」の写っているモノを使ったひっかけです。(B) は動作が明らかに違います。(D) は、バッグは写っていますが人々の動作が違います。

語注

- place X〈前置詞句〉 Xを〜に置く　類 put X〈前置詞句〉
- public transportation 公共交通機関

3.

(A) The ship is on a body of water.
(B) Passengers are boarding the ferry.
(C) The ship is passing under the bridge.
(D) Some people are rowing a boat near the dock.

(A) 船が水の上に浮いている。
(B) 乗客がフェリーに乗り込んでいる。
(C) 船が橋の下を通っている。
(D) 何人かの人が埠頭の近くでボートを漕いでいる。

正解 (A) ★★

船が水辺に浮かんでいる写真です。これを body of water「水域」を使って適切に描写した (A) が正解です。海や湖などのグループの総称であるこの表現はぜひ覚えておきましょう。(B) は、人が写っていないので正解にはなりません。(C) は、橋は写っていますが船は橋の下を通っていないので不可です。(D) は dock「埠頭」は写っていますが、人が写っていないので不正解です。

dock や pier といった埠頭を表す表現はよく出題されます。

語注

- **body of water** 水域
- **passenger** 名 乗客
- **board** 動 〜に乗り込む　類 get on
- **row** 動 〜を漕ぐ
- **dock** 名 埠頭・桟橋

4.

(A) They're greeting each other.
(B) They're applying paint to a wall.
(C) They're fixing a fence.
(D) They're grilling some food.

(A) 彼らは互いに挨拶をしている。
(B) 彼らは壁にペンキを塗っている。
(C) 彼らはフェンスを直している。
(D) 彼らは食べ物を焼いている。

正解 (B)　★★★

2人が壁にペンキを塗っている写真です。apply A to B「AをBに適用する」というのは有名ですが、実はapplyには「(塗料や軟膏など)を塗る」という意味もあります。よって、「壁にペンキを塗っている」とした(B)が正解です。(A)は、動作が違います。(C)もフェンスを直しているようには見えないので不可。(D)も動作が違います。

grill「(肉など)を焼く」は屋外でバーベキューをしている写真に出てくることがあります。料理をしている写真ではprepare food「食事の準備をしている、料理をしている」という表現が頻出です。

🚋 語注
- **greet** 動 ～に挨拶をする
- **apply A to B** AをBに塗る／貼る・AをBに適用する
- **fix** 動 ～を直す 類 repair
- **grill** 動 ～を(直火で)焼く

5.

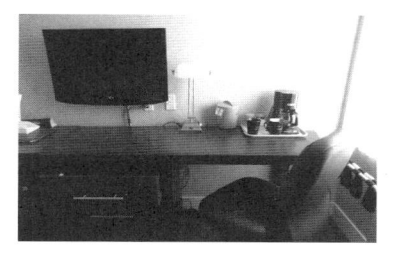

(A) A drawer is being opened.
(B) A light fixture is hanging above a cup.
(C) A desk lamp has been placed next to a television.
(D) A chair has been put on the desk.

(A) 引き出しが空けられているところだ。
(B) 照明器具がカップの上につり下がっている。
(C) 卓上電気スタンドがテレビの横に置かれている。
(D) イスが机の上に置かれている。

正解 (C) ★★

様々なものが写っている部屋の写真です。テレビと desk lamp「卓上電気スタンド」の位置を適切に表した (C) が正解。(A) は is being opened という進行形の受け身になっているので引き出しが誰かに開けられている最中でなくてはなりません。has been opened という完了形の受け身であれば「開けられた状態」を表し正解になれます。(B) は、ぶら下がっている light fixture「照明器具」は写っていないので不可。(D) は、イスの位置が違います。in front of the desk「机の前」であれば正解になれます。

Part 1 解答と解説

　このように、モノがたくさん写っている写真では、きちんとモノの状態と位置を確認しましょう。

語注

- **drawer**　名 引き出し
- **light fixture**　照明器具
- **hang**　動 ぶら下がる・〜をぶら下げる
- **desk lamp**　卓上電気スタンド
- **place X 〈前置詞句〉**　Xを〜に置く
- **next to X**　Xの横に

6.

(A) A man is watering a potted plant.
(B) A vehicle is parked near a curb.
(C) A man is pouring a beverage.
(D) A sidewalk is being sprayed.

(A) 男性が鉢植えに水をやっている。
(B) 自動車が縁石の近くに駐車してある。
(C) 男性が飲み物を注いでいる。
(D) 歩道に水がまかれているところだ。

正解 (D) ★★★

男性が歩道に水をまいている写真です。これを sidewalk「歩道」を主語にして spray「〜に水をまく」の is being sprayed という進行形の受け身を使い適切に描写した (D) が正解。(A) は、男性は水をまいていますが potted plant「鉢植え」は写っていないので不正解です。(B) は curb「縁石」は写っていますが、駐車してある車が写っていないので不可です。(C) は動作が違います。

進行形の受け身は、基本、動作をする人が写っていなければなりませんが、is being displayed「〜が展示されているところだ」の場合は動作主が写っていなくてもよいので要注意です。

🚋 語注

- water 動 〜に水をやる
- potted plant 鉢植え
- vehicle 名 自動車
- curb 名 縁石
- pour 動 〜を注ぐ
- beverage 名 飲み物 類 drink
- sidewalk 名 歩道
- spray 動 〜に水をまく

Part 1はよく出題される単語や表現を覚えておくことが大切です。今回の6問には最近よく出る表現をたくさん散りばめました。ぜひきちんと復習してください。

Part 2 解答と解説

7. 🇺🇸 🇬🇧 ◀ 09

Who edits the company newsletter?

(A) On the corporate Web site.
(B) Someone in the marketing department does.
(C) Every month.

誰が社内報を編集しているのですか。
(A) 会社のウェブサイト上です。
(B) マーケティング部の誰かです。
(C) 毎月です。

正解 (B) ★

質問文の疑問詞は Who です。これに Someone という人を使って答えている (B) が正解。(A) は Where に対する返答、(C) は When や How often「どのくらいの頻度で」の答えになります。

📘 語注

- **edit** 動 ~を編集する
- **company newsletter** 社内報

8. 🇦🇺 🇨🇦 ◀ 10

Where did you get that notebook?

(A) Yesterday evening.
(B) From the supply room.
(C) Yes, in the library.

そのノートをどこで手に入れたのですか。
(A) 昨日の晩です。

104

(B) 備品室からです。
(C) はい、図書館の中です。

正解 (B) ★

質問文の疑問詞は Where です。これに対して supply room「備品室」という場所を述べている (B) が正解です。(A) は When「いつ」に対する返答です。(C) は WH 疑問文に Yes で答えているのでダメです。WH 疑問文に Yes/No では答えられないことは必ず覚えておきましょう。

Where と When は聞き間違えやすいので注意が必要です。

語注
- **supply room** 備品室

9.

Isn't this a great hotel?
(A) Yes, we should stay here again.
(B) Dial eight for room service.
(C) I hope there's no wait.

ここはいいホテルですよね。
(A) はい、また泊まりに来ましょう。
(B) ルームサービスは8番をダイヤルしてください。
(C) 待ち時間がないことを望んでいます。

正解 (A) ★

質問文は Isn't からはじまる否定疑問文です。否定の部分を取り除いて Is this a great hotel? と変えてしまえば混乱し

なくて済みます。ホテルがよかったかどうかを尋ねているのに対して、Yes, (it is a great hotel)「いいホテルだ。また泊まろう」と答えている (A) が正解です。(B) は hotel から連想できる room service「ルームサービス」を使ったひっかけです。(C) は「人気があるので、待たなければならないかもしれない」という場面を想像した人をひっかけるための選択肢です。

> 場面を想像することは大切ですが、ストーリーを勝手に作ってはいけません。

10.

Could you file this for me?

(A) There are two piles.
(B) Sure, I'll do it right now.
(C) I need four of them.

これをファイルしてもらえますか。
(A) 2山あります。
(B) はい、すぐにやります。
(C) 私はそのうち4つ必要です。

正解 (B)　★★

質問文は Could you...?「～してくれますか」の依頼文です。これに「すぐにやります」と答えている (B) が正解です。(A) は pile が file との聞き間違えを誘っています。(C) も for と似た音の four を使ったひっかけです。

会話の内容がわからないと、似た音や同じ音の出てきた選択肢を選びたくなってしまうので、似ている音はひっかけによく出てきます。

語注

- file 動 ～をファイルにしまう
- pile 名 積み上げた山　動 ～を積み上げる　類 stack
- right now 今

11.

You applied for a refund, didn't you?

(A) I returned it.
(B) Yeah, I already got my money back.
(C) Many people applied for the position.

返金を申し込みましたよね。
(A) それを返しました。
(B) はい、すでにお金を受け取りました。
(C) 多くの人がその職に応募しました。

正解 (B)　★★

質問文は didn't you で終わる付加疑問文です。付加疑問文は didn't you などの付加された部分を取って単なる疑問文だと思えば難しくありません。You applied for a refund?「返金に申し込んだ？」と同じだと思えばいいのです。申し込んだかどうか尋ねているのに対して、「(申し込んで) すでにお金を受け取った」という内容の (B) が正解です。(A) は returned が refund と音と意味が似ていることを使ったひっかけ、(C) は apply for という同じフレーズを使ったひっかけです。

107

Part 2 解答と解説

📖 語注

- apply for ～に申し込む
- refund 名 返金
- position 名 職・地位

12.

🇨🇦 🇬🇧 ◀14

What price did you settle on?

(A) I won third prize.
(B) I lived in Nagoya.
(C) My original asking price.

いくらに決まったのですか。
(A) 3 等が当たりました。
(B) 私は名古屋に住んでいました。
(C) 最初に要求した値段です。

正解 (C) ★★★

質問文の疑問詞は What price「いくら」です。これに対し original asking price「もともとお願いした値段だ」と答えている (C) が正解です。(A) は prize が price の似た音のひっかけです。(B) は What price を What place「どの場所」と聴き間違ってしまい、settle を「定住する」という意味だと思ってしまった人をひっかける選択肢です。

📖 語注

- settle 動 落ち着く・和解する・定住する
- settle on ～に決める
- prize 名 賞 類 award

108

13.

When does Rich get back from his trip?

(A) A taxi from the airport.
(B) This Thursday.
(C) To the front entrance.

いつ Rich は旅行から戻ってきますか。
(A) 空港からタクシーです。
(B) 今週の木曜日です。
(C) 正面玄関にです。

正解 (B) ★

質問文の疑問詞は When です。これに Thursday という時間表現で答えている (B) が正解。(A) は airport という trip の連想語を使ったひっかけです。(C) は Where に対する返答です。

語注

- front entrance　正面玄関

14.

Would you like me to get another chair?

(A) I think we have enough.
(B) Mr. Oliver will chair the meeting.
(C) He's sitting over there.

イスをもう1つ持ってきましょうか。
(A) もう十分あると思います。
(B) Oliver 氏が会議の議長を務めます。
(C) 彼はあそこに座っています。

正解 (A) ★★

質問文は Would you like me to do...?「私が〜しましょうか」という申し出の文です。これに対して、「もう十分あるから(いらない)」と断っている (A) が正解。このように、申し出を断るときは通例、断る理由を述べます。(B) は chair の「〜の議長を務める」という別の意味を使ったひっかけ、(C) は sitting という chair「イス」の連想語を使ったひっかけです。

📖 語注

- Would you like me to do...?　〜しましょうか
  圞 Do you want me to do...?・Shall I do...?
- chair　動 〜の議長を務める　名 イス

15.

Where should we send the bill?

(A) By check is fine.
(B) As soon as possible.
(C) To my office.

どこに請求書を送ればいいですか。
(A) 小切手で大丈夫です。
(B) できる限り早くです。
(C) 私のオフィスにです。

正解 (C) ★

質問文の疑問詞は Where です。それに対して office という場所で答えている (C) が正解です。(A) は How に対する答え、(B) は When に対する答えです。

📖 語注

- bill　名 請求書　動 ～に請求書を送る
- as soon as possible　できる限り早く

16.　　　　　　　　　　　　　　🇬🇧 🇨🇦 ◀ 18

I used to work in accounting.

(A) Three, counting this one.
(B) We just got a brand-new one.
(C) Oh, when was that?

私は以前経理部で働いていました。

(A) これを入れて3つです。
(B) 私たちは新品を手に入れたばかりです。
(C) え、それはいつだったのですか。

正解 (C)　★★

最初の人のセリフは平叙文です。以前経理部で働いていたというのに対して、「それ (＝働いていたのは) いつだったか」という疑問文で返している (C) が正解。(A) は accounting と似た音の counting「～を数に入れて」を使ったひっかけです。(B) は used to do「かつては～した」の used を「中古の」と勘違いした人をひっかけるために対比的な意味を表す brand-new「新品の」のという表現を使った選択肢です。

🧑 平叙文に疑問文で返すというのは TOEIC お決まりのパターンです。

📖 語注

- used to do　かつては～した
- accounting　名 経理

111

- counting　前 ～を数に入れて・～を含めて　類 including
- brand-new　形 新品の

17.

Should we cancel the reservations for tonight?

(A) I think we've got too much work.
(B) How many in your group?
(C) Yes, it's at eight o'clock.

今夜の予約をキャンセルしたほうがいいですか。
(A) 私たちはやらなければならないことが多すぎると思います。
(B) お客様のグループには何名いますか。
(C) はい、8時です。

正解 (A)　★★★

質問文は Should で始まる Yes/No 疑問文です。予約をキャンセルすべきか尋ねているのに対して、「やらなければならない仕事が多すぎる (からキャンセルした方がいい)」と答えている (A) が正解。話し手の意図をわからないといけないので難問です。(B) は reservation「予約」から連想されるレストランの店員のセリフです。(C) は tonight から連想される時間表現を使ったひっかけです。

語注
- reservation　名 予約

18.

How much time is there before the meeting starts?

(A) 30 dollars each.
(B) No, this is the third time.
(C) About ten minutes.

会議が始まるまでどのくらい時間がありますか。

(A) それぞれ30ドルです。
(B) いいえ、これで三度目です。
(C) 約10分です。

正解 (C) ★★

質問文の疑問詞のかたまりは How much time「どれだけの時間」です。これに対して、「10分」という時間表現で答えいている (C) が正解。(A) は How much「いくら」という値段に対する返答です。How much time の time まできちんと聞き取れていたかがカギです。(B) は time という同じ音のひっかけを使っていますが、これは時間ではなく「～回 (目)」という意味の time です。

語注

- meeting 名 会議

19.

Can you take these to the post office, or should I do it myself?

(A) The total is 27 dollars.
(B) I'll take care of it.
(C) They just came today.

これらを郵便局に持っていってもらえますか、それとも自分でやったほうがいいですか。
(A) 合計で27ドルです。
(B) 私がやりますよ。
(C) それらは今日届いたばかりです。

正解 (B) ★★

質問文は選択疑問文です。「郵便局までもっていってくれるか、自分でやるべきか」と尋ねているのに対して、「私がやります」と答えている (B) が正解です。(A) は post office「郵便局」で聞かれるセリフを使ったひっかけです。(C) も荷物や手紙を扱っている場面から連想されるセリフを使ったひっかけです。

「やってくれますか、それとも私がやりますか」という A or B の疑問文はよく出題されます。

20.

We won't all fit in the conference room.

(A) Next to Phil's office.
(B) Let's move to a larger one then.
(C) They exercise every day.

私たち全員は会議室に入りきりません。
(A) Phil のオフィスの隣です。
(B) では、より大きな部屋に移動しましょう。
(C) 彼らは毎日運動しています。

正解 (B) ★★★

最初の発言は否定文です。全員が会議室に入りきらないと

いうのに対し「では (＝入らないなら) より大きな部屋に移動しましょう」と提案している (B) が正解です。(A) は Where に対する返答。(C) は fit をフィットネス関係の単語と勘違いした人をひっかけるために exercise「運動する」という単語を使っています。

🚃 語注

- fit in X　Xに入りきる

21.

Didn't they say the main gate would be closed tomorrow for repairs?
(A) A pair of tickets to the game, please.
(B) Near the entrance.
(C) Not that I know of.

修理のために明日、正門が閉まると言っていませんでしたか。
(A) 試合のチケットを2枚ください。
(B) 入り口の近くです。
(C) 私の知っている範囲では、そうではないと思います。

正解 (C)　★★★

質問文は否定疑問文です。正門が閉まると言っていなかったかと尋ねているのに対して、Not that I know of「私の知っている範囲ではそうではない (＝閉まるとは聞いていないので明日も開くと思う)」と答えている (C) が正解です。このフレーズを知っていたかがカギです。(A) は pair が repairs の似た音のひっかけです。(B) は gate から連想される entrance「入り口」という単語を使ったひっかけです。

115

語注

- **repair** 名 修理　動 ～を修理する

22.

Has Megan submitted her expense report yet?

(A) She handed it in this morning.
(B) A new subscription is expensive.
(C) The reporter is already here.

Meganは経費報告書をもう提出しましたか。
(A) 彼女は今朝提出しました。
(B) 新しい定期購読は高いです。
(C) レポーターはすでにここにいます。

正解 (A) ★★

質問文は完了形の Has から始まる Yes/No 疑問文です。報告書を出したか尋ねているのに対して、「今朝出した」と答えている (A) が正解です。submit「～を提出する」を hand in に言い換えています。このように現在完了形の Yes/No 疑問文に過去形で答えるパターンは頻出。(B) は subscription が submit の似た音を使ったひっかけ、(C) は reporter が report の似た音で、さらに yet から連想される already を使ったひっかけです。

> Part 2 ではこのように、最初の発言に出た表現を別の表現に言い換えたものが正解に出てくることがあります。

23.

Let's take a break and resume after lunch.

(A) Actually, I have another appointment at one.
(B) It seems the lock is broken.
(C) That Chinese restaurant was really good.

休憩にして、昼食後に再開しましょう。

(A) 実は、1時に別の約束があります。
(B) カギが壊れているようです。
(C) あの中華料理店はすごくよかったです。

正解 (A)　★★

休んで、昼食後に再開しようという勧誘に対して、「1時に約束がある (のでそれはできない)」という理由を述べて間接的に断っている (A) が正解です。actually「実は」は誘いを断るときにとてもよく使います。(B) は break「休憩」には「壊す」という動詞があるのでその過去分詞 broken を使ったひっかけです。(C) は lunch という言葉から連想されるセリフを使ったひっかけです。

語注

- break　名 休憩　動 〜を壊す
- resume　動 再開する　類 start again

24.

Why are the recommendations missing in these applications?

(A) It hasn't been shipped yet.
(B) They weren't included.
(C) We missed the deadline.

これらの申込書になぜ推薦状がないのですか。
(A) それは、まだ配送されていません。
(B) 同封されてなかったのです。
(C) 私たちは締め切りに間に合いませんでした。

正解 (B) ★★★

質問文は Why の疑問文。なぜ推薦状が欠けているのか尋ねているのに対して、「それら (= 推薦状) は (申込書にもとから) 同封されていなかった」と述べている (B) が正解です。(A) は It hasn't ではなく They haven't であれば They が recommendations を指し、正解になりえます。(C) は application「申し込み」から連想される deadline「締め切り」という単語を使ったひっかけです。

語注

- recommendation 名 推薦・推薦状 類 reference
- missing 形 欠けている
- application 名 申し込み・申込書
- include 動 〜を含める・〜を同封する 類 enclose
- deadline 名 締め切り

25.

Who did you speak with on the phone?

(A) Mr. Jones will contact you.
(B) She didn't give me a name.
(C) I filled out the form.

誰と電話で話していたのですか。
(A) Jones さんがあなたに連絡します。
(B) 彼女は名乗りませんでした。
(C) 私は用紙を記入しました。

正解 (B) ★★★

質問文は Who の WH 疑問文。誰と電話で話していたのか尋ねているのに対して、「彼女 (=電話の相手) は名乗らなかった (からわからない)」と答えている (B) が正解です。(A) は Mr. Jones という名前を使ったひっかけです。過去形で contacted me「私に連絡してきた」であれば正解になりえます。(C) は phone と似た音の form という語を使ったひっかけです。

語注

- contact 動 〜に連絡する
- give X a name X に名乗る
- fill out 〜を記入する 類 complete
- form 名 用紙

26.

Can I take a look at that silver bracelet?

(A) Certainly, let me get it out for you.
(B) That'll be 60 dollars in total.
(C) Yes, I should do that.

そのシルバーのブレスレットを見てもいいですか。

(A) もちろんです。取り出します。
(B) 合計で60ドルになります。
(C) はい、私はそれをやるべきだと思います。

正解 (A) ★★

質問文は Can I「〜してもいいですか」からはじまる許可を求める文です。ブレスレットを見てもいいですかと尋ねているのに対して、「それ(=ブレスレット)を取り出します」と答えている (A) が正解です。客と店員のやりとりだとわかったかがカギ。(B) は店員が言いそうな表現を使ったひっかけです。(C) は Can I という Yes/No 疑問文に、Yes を使ったひっかけです。

🚃 語注

- **take a look at X**　Xを見る
- **Certainly.**　もちろんです
- **in total**　合計で

27.

Mr. Kwon has rescheduled his appointment, right?

(A) I had one too.
(B) He was appointed manager.
(C) No, it's still 3 P.M. tomorrow.

Kwonさんは予約を変更しましたよね。

(A) 私もひとつ持っていました。
(B) 彼はマネージャーに任命されました。
(C) いいえ、明日午後3時のままです。

正解 (C) ★★

質問文は right「～ですよね」で終わる付加疑問文。予約を変更しましたよねと尋ねているのに対して、「いいえ、それ (=予約) は明日の午後3時のままです」と答えている (C) が正解です。(A) は one の指すものが「予約」になってしまい「私も予約がありました」となり会話になりません。(B) は appointment の動詞形 appoint を使ったひっかけです。

語注

- **reschedule** 動 ～の予定を変更する
- **appointment** 名 予約
- **appoint A B** AをBに任命する／指名する

28.

Where does the 17 bus route go?

(A) Every 20 minutes, I suppose.
(B) I'm tired of doing the same thing every day.
(C) Madison Avenue, and then Second Street.

17番のバスはどういったルートで行くのですか。

(A) 20分おきだと思います。
(B) 毎日同じことをするのにうんざりしています。
(C) Madison Avenueで、その後 Second Street です。

正解 (C) ★★

質問文は Where の WH 疑問文。17番のバスルートがどこへ行くのか尋ねているのに対して、Madison Avenue (を通り)、その後は Second Street (を通る) と答えている (C) が正解です。(A) は How often「どのくらいの頻度」に対する返答です。(B) は route を routine「いつもすること」と聞き間違った人をひっかけるための選択肢。

語注

- every　形　〜おきに
- suppose　動　〜だと思う・仮定する　類 assume
- be tired of X　Xにうんざりしている

29.

Would you like French fries or onion rings with your meal?

(A) It was really delicious.
(B) Actually, I'd prefer a salad.
(C) Me neither.

お食事と一緒にフライドポテトか、オニオンリングはいかがですか。
(A) とてもおいしかったです。
(B) 実はサラダの方がいいです。
(C) 私もそうではありません。

正解 (B)　★★

質問文は A or B の選択疑問文。Would you like...?「〜はいかがですか」を使い、「フライドポテトかオニオンリングはいかがですか」と勧めているのに対して、「サラダの方がいい」という3つ目の選択肢で答えている (B) が正解です。(A) は meal「食事」から連想される delicious「おいしい」を使ったひっかけです。(C) は neither には「どちらも〜ない」という意味があるのでそれを使ったひっかけです。ここでは、「私も〜ない」という意味です。

選択疑問文には、「どちらでもいいです」、「どちらも嫌です」、「別のものがいいです」、「まだ決まっていない」など様々な返答がありえます。

語注

- **French fries**　フライドポテト
- **prefer**　動 〜をより好む

30.

Isn't it supposed to snow today?

(A) The weather report.
(B) I heard he will.
(C) Yes, but not until late in the afternoon.

今日は雪が降るのですよね。

(A) 天気予報です。
(B) 彼はすると聞きました。
(C) はい、でも午後遅くまではそうではないです。

正解 (C) ★★★

質問文は否定疑問文です。今日は雪が降るのですよねと尋ねているのに対して、「はい、でも午後遅くまではそうではないです」つまり、「雪が降るのは午後遅い時間からだ」と答えている (C) が正解です。このように、未来の時間に対して、not until「〜まではない」という表現を使った返答は頻出です。(A) は snow から連想される weather report「天気予報」を使ったひっかけです。(B) は he ではなく it であれば I heard it will snow today「今日は雪が降ると聞きました」となり正解になりえます。

語注

- **be supposed to do** 〜することになっている
- **weather report** 天気予報
- **not until** 〜まではない

31.

Why don't we publish the story about today's soccer game in tomorrow's paper?

(A) Thomas hasn't finished writing it.
(B) Usually reported later.
(C) Because I do have some paper.

今日のサッカーの試合についての記事を明日の新聞に載せるのはどうですか。

(A) Thomasはそれを書き終わっていません。
(B) たいていは後で報道されます。
(C) 紙を何枚か持っているからです。

正解 (A) ★★★

質問文は Why don't we...?「〜するのはどうですか」の提案文。今日のサッカーの試合の記事を明日の新聞に載せるのはどうかと提案しているのに対して、「Thomas はそれ (=その記事) を書き終えていない (から明日の新聞に載せるのは難しい)」と答えている (A) が正解です。話し手の意図を理解できないと難しい問題。publish には「〜を出版する」だけではなく、「(記事) を (出版物に) 出す」という意味があるので覚えておきましょう。(B) は新聞から連想される report「〜を報道する」を使ったひっかけです。(C) は質問文に Why が入っているので Because を使い、質問文にある paper を使ったひっかけです。この paper は不可算名詞で「紙」の意味。

語注

- publish a story　記事を出す
- finish doing　〜し終える
- paper　名 紙・新聞　類 newspaper

Part 3 解答と解説

Questions 32 through 34 refer to the following conversation.

🇨🇦 🇬🇧 ◀ 35

M: ₃₂Hi, I bought these seat covers for my car here last week, and I'd like to return them and get my money back.

W: I'm sorry, but these were reduced for our clearance sale, and we don't give refunds on discounted merchandise. You can exchange them for some other auto parts or accessories, or I can issue you a store credit that you can use later.

M: But your sales clerk guaranteed they would fit, and ₃₃they're much too large.

W: ₃₄In that case, I think you should talk to the store manager. I'll go get him for you. He must be in the tire section now.

32. Why did the man visit the store?

(A) To exchange an item
(B) To have an item repaired
(C) To obtain a refund
(D) To ask for a discount

33. What is the problem with the man's purchase?

(A) The price
(B) The size
(C) The color
(D) The weight

34. According to the woman, what should the man do?

(A) Speak to a manager
(B) Go to a different section
(C) Fill out a form
(D) Come back in the evening

問題32〜34は次の会話に関するものです。

M: ₃₂ すみません、先週私は車のシートカバーを買ったのですが、これを返品して返金してもらいたいんです。

W: すみませんが、これは在庫一掃セールの値下げ品ですね。値下げ品は、返金に応じておりません。他の車のパーツやアクセサリーとなら、交換できます。あるいは、また後日当店でご利用できるクーポン券を差し上げることもできますが。

M: でも、店員の方はぴったりのサイズだと言っていました。₃₃ しかしこのサイズは大きすぎるんです。

W: ₃₄ それなら店長とお話しされたほうがいいですね。ただ今呼んできます。彼はタイヤ売り場にいるはずです。

32. なぜ男性は店を訪れたのですか。
    (A) 商品を交換するため
    (B) 商品を修理してもらうため
    (C) 返金を受け取るため
    (D) 割引を要求するため

33. 男性の購入品の問題は何ですか。
    (A) 値段
    (B) 大きさ
    (C) 色
    (D) 重さ

34. 女性によると、男性は何をするべきですか。
    (A) 店長と話す
    (B) 別の売り場に行く
    (C) 用紙に記入する
    (D) 夜にもう一度来る

32. 正解 (C)　★★

男性の最初の発言で I'd like to return them and get my money back「それら（シートカバー）を返品してお金を返してほしい」とあるので、返金をしてもらいにきたことがわかります。よって (C) To obtain a refund が正解です。

> obtain は「〜を得る」、refund は「返金」という意味で、どちらも重要単語です。

33. 正解 (B)　★

男性の2回目の発言の最後に they're much too large「それら（シートカバー）は大きすぎる」とあるので、シートカバーの大きさが合わないことがわかります。よって (B) The size が正解です。

34. 正解 (A)　★

女性の2回目の発言に you should talk to the store manager「店長と話したほうがいいですよ」とあるので、これを言い換えた (A) Speak to a manager が正解。

語注

- return　動 〜を返品する
- reduce　動 〜を減らす　類 lower
- clearance sale　在庫一掃セール
- refund　名 返金
- discount　動 〜を割引する
- merchandise　名 商品　類 products
- exchange A for B　AをBと交換する
- issue　動 〜を発行する
- sales clerk　店員

- guarantee　動 〜を保証する　類 ensure
- in that case　その場合
- section　名 売り場・部署　類 department

Questions 35 through 37 refer to the following conversation.

M: Hi, could you tell me where Room E is? ₃₅I'm supposed to have an interview with Ms. Tran in the research and development department. This building is huge.

W: Yeah, I know. ₃₆When I was transferred here last month, I got lost so many times. Just go down the hallway until you see the elevators. Room E is right next to them.

M: Thank you very much. ₃₇By the way, do you have a company brochure? Since I still have 30 minutes before the interview, I'd like to read up a little more about the company.

W: Sure. ₃₇Here you are. ₃₅Good luck on your interview. I hope you get the job.

35. What is the purpose of the man's visit?

　(A) To review some data
　(B) To have an interview
　(C) To fix some equipment
　(D) To promote some products

36. According to the woman, what did she recently do?

(A) She joined the company.
(B) She was promoted to manager.
(C) She moved from a different office.
(D) She talked to Ms. Tran about the man.

37. What is the man most likely to do next?

(A) Read information about the company
(B) Meet Ms. Tran in Room E
(C) Inspect the elevator
(D) Call a repair shop

問題35~37は次の会話に関するものです。

M: すみません、ルームEはどこか教えていただけますか。35 研究開発部の Tran さんと面接することになっているのですが、建物が大きすぎて。

W: そうですよね。36 先月ここに異動してきたばかりのときは、私も何度も迷いました。廊下をエレベーターが見える所まで行ってください。ルームEはエレベーターのちょうど隣にあります。

M: ありがとうございます。37 ところで、会社のパンフレットはありますか。 面接まであと30分あるので、 この会社のことをもう少し勉強しておきたいのです。

W: はい。37 どうぞ。35 面接がんばってください。受かるといいですね。

35. 男性の訪問の目的は何ですか。

(A) データを見直す
(B) 面接を受ける
(C) 設備を修理する
(D) 商品の販売促進をする

36. 女性によると、最近彼女は何をしましたか。

(A) この会社に入った。
(B) マネジャーに昇進した。

(C) 別のオフィスから異動してきた。
(D) 男性について Tran さんに話をした。

37. 男性は次に何をすると思われますか。
(A) 会社についての情報を読む
(B) ルーム E で Tran さんに会う
(C) エレベーターを点検する
(D) 修理会社に電話をする

35. 正解 (B) ★

男性の最初の発言に I'm supposed to have an interview with Ms. Tran「Tran さんと面接をすることになっている」とあるので、(B) To have an interview が正解です。ここを聞き逃しても最後の女性の発言に Good luck on your interview というヒントがあるので正解しやすいです。

36. 正解 (C) ★★★

女性の最初の発言に I was transferred here last month「先月異動してきた」とあるので、これを言い換えた (C) She moved from a different office.「別のオフィスから異動してきた」が正解です。(A) だと新入社員になってしまいますし、(B) のように昇進したとは述べられていません。

37. 正解 (A) ★★

男性の 2 回目の発言に、会社の詳細についてパンフレットを読みたいとあり、それに対し女性が Here you are.「どうぞ」とパンフレットを渡しています。よって男性はパンフレットを読むと考えられます。したがって (A) が正解です。Tran さんに Room E で会うのは 30 分後なので (B) は不正解です。

語注

- **be supposed to do** 〜することになっている
- **interview** 名 面接
- **research and development department** 研究開発部
 (= R&D department)
- **huge** 形 巨大な 類 enormous
- **transfer** 動 異動する
- **get lost** 道に迷う
- **brochure** 名 パンフレット 類 pamphlet

Questions 38 through 40 refer to the following conversation.

M: ₃₈Thank you for calling Reid Family Clinic. This is Yukio Matsushita speaking.

W: ₃₈Hello Yukio, this is Dr. Reid. ₃₉I need you to reschedule my ten o'clock appointment with a patient, Marsha Peters, next Tuesday. ₄₀A technician will be at the clinic to set up some new equipment that morning, so I won't be able to see any patients then.

M: Certainly, Dr. Reid. I was told the installation would be done by noon, so I'll ask Ms. Peters if she can come in in the afternoon instead.

38. Who most likely is the man?

(A) A doctor
(B) A patient
(C) A receptionist

(D) A technician

39. What does the woman ask the man to do?

(A) Place an order with a supplier
(B) Work an extra day this week
(C) Contact a repair service
(D) Change an appointment time

40. What is scheduled to happen next week?

(A) A medical convention will be held.
(B) An appliance will be installed.
(C) A technology seminar will be conducted.
(D) The clinic will be closed for renovations.

問題38〜40は次の会話に関するものです。

M: ₃₈ Reid Family Clinic にお電話いただきありがとうございます。Yukio Matsushita です。

W: ₃₈ もしもし Yukio、Reid です。₃₉ 来週火曜日10時の Marsha Peters という患者の予約を変更してほしいのだけど。₄₀ その日の朝は業者が新しい装置を取りつけに来るの。だから患者は診られないわ。

M: 了解しました、Reid 先生。作業は正午までには終わると聞いていますので、Peters さんに午後来ることができないか聞いてみます。

38. この男性は誰だと推測されますか。

(A) 医者
(B) 患者
(C) 受付係
(D) 業者

39. 女性は男性に何をするよう求めていますか。

(A) 納入業者に注文を出す

Part 3 解答と解説

　　(B) 今週、1日多く働く
　　(C) 修理会社に連絡をする
　　(D) 予約時間を変更する

40. 来週何が予定されていますか。
　　(A) 医学会が開かれる。
　　(B) 装置が取りつけられる。
　　(C) 技術セミナーが開かれる。
　　(D) 改装のためにクリニックが休業する。

38. 正解 (C) ★★

最初の男性の発言から、Reid Family Clinic で働いている人だとわかります。その後の女性 (Dr. Reid) の発言から女性がこのクリニックの医者であることがわかります。よって男性はクリニックの受付係だと推測できます。ここで推測ができなくても、すべてを聞いた後でも他の選択肢が違うと判断できます。

> 男性が医師で女性がスタッフという固定観念を持つのはやめましょう。TOEIC では女性の上司もたくさん登場します。

39. 正解 (D) ★★

女性の発言の I need you to reschedule my ten o'clock appointment with a patient「10時の患者の予約を変更してほしい」とあるので、(D) Change an appointment time「予約時間を変更する」が正解です。

40. 正解 (B) ★★★

女性の発言に next Tuesday「来週の火曜日」とあります。その次の文に A technician will be at the clinic to set up some new equipment that morning「その日の朝（来週の

火曜日）に業者が来て新しい装置を設置する」とあるので、(B) An appliance will be installed.「装置が取りつけられる」が正解です。

appliance が equipment の、install が set up の言い換えです。

🚃 語注 ─────────────────
- clinic 名 診療所 類 doctor's office
- reschedule 動 〜の予定を変更する
- patient 名 患者
- technician 名 業者・技術者
- set up 〜を取りつける 類 install
- equipment 名 機器・装置
- instead 副 代わりに

Questions 41 through 43 refer to the following conversation.

W: Hi, Davis. You look really serious. Is something wrong?

M: Oh, hi, Jane. ₄₁Do you have any idea who can make a speech at the new employee orientation? I'm thinking about asking Mr. Hayward. Scott usually does it, but he'll be on vacation this time.

W: That's a good idea. His talk at the training seminar last month was very informative, but ₄₂will he have enough preparation time on such short notice? The orientation is next week.

M: Yes, that could be a problem. ₄₃I'll e-mail him tonight and see what he says.

135

Part 3 解答と解説

41. What are the speakers mainly discussing?

   (A) A new employee
   (B) A change in company policy
   (C) A speaker for an assembly
   (D) A conference schedule

42. What is the woman concerned about?

   (A) A shortage of attendees
   (B) A transportation delay
   (C) The size of a meeting room
   (D) The lack of time to prepare

43. What will the man do tonight?

   (A) Ask for a vacation from work
   (B) Address new office staff
   (C) Postpone a training seminar
   (D) Contact a coworker

問題41～43は次の会話に関するものです。

W: Davis、真剣な顔して。どうかしたの？

M: Jane、41 新入社員のオリエンテーションで、誰にスピーチをしてもらったらいいと思う？ Hayward氏に頼もうかと思っているんだけど。いつもはScottがするのだけど今回は休暇中なんだよ。

W: いい考えだと思うわ。先月のトレーニング・セミナーでのトークはとてもためになったし。でも、42 こんなに急な話で準備が間に合うかしら？オリエンテーションは来週よ。

M: うん、それはちょっと問題かも。43 今夜彼にEメールを送って、何と言うか聞いてみるよ。

41. 話し手たちは主に何について話していますか。

136

(A) 新入社員
(B) 会社方針の変更
(C) 会合での講演者
(D) 会議のスケジュール

42. 女性は何を心配していますか。
(A) 出席者数の不足
(B) 交通機関の遅れ
(C) 会議室の広さ
(D) 準備時間の不足

43. 男性は今夜何をしますか。
(A) 休暇を求める
(B) 新入社員に話をする
(C) 講習会を延期する
(D) 同僚に連絡する

41. 正解 (C) ★★★

男性は最初の発言で、新入社員のオリエンテーションでスピーチをするのにいい人はいないか尋ねています。その後、講演者についての会話が続いています。よって、(C) A speaker for an assembly が正解です。

assembly「集会・会合」という単語がわからなくても speaker という単語から正解できます。assembly はよく使われる語なので覚えておきましょう。

42. 正解 (D) ★★

女性の発言に will he have enough preparation time...?「彼 (= Hayward) に十分な準備時間があるかしら？」とあります。よって (D) The lack of time to prepare「準備時間の不足」が正解です。lack of X「Xの不足」という表現を知っていれば解ける問題です。

43. 正解 (D) ★★

男性の最後の発言に I'll e-mail him tonight「今夜彼に E メールを送る」とあります。him が指すのは同僚の Hayward なので正解は (D) です。

e-mail「〜に E メールを送る」を contact「〜に連絡をする」に言い換えています。

語注

- have an idea　考えがある
- orientation　名 オリエンテーション・新入社員教育
- usually　副 たいてい・普段は
- on vacation　休暇中　類 out of the office
- training seminar　講習会　類 workshop
- informative　形 有益な・情報を得られる
- preparation　名 準備
- on short notice　急な知らせで

Questions 44 through 46 refer to the following conversation.

M: Denise, ₄₄the printer broke yesterday, so I'm faxing Tanner Office Supplies at 4 o'clock today to order a new one. Do you want me to order something for you?

W: Actually, I could use a new filing cabinet. The drawer on mine is stuck, and I can't even open it now. ₄₅I've been stacking my files on the floor beside my desk.

M: Okay. Look through their catalog and pick out the one that you'd like. It's on the shelf above the copier.

W: All right. <u>I'll take a look right after my lunch break. I'm starving</u>.
　　　46

44. According to the man, what is the problem?

　(A) His order has not arrived.
　(B) The printer is not working.
　(C) The fax machine is broken.
　(D) Some documents are stuck in the cabinet.

45. Where does the woman say she has been putting her files?

　(A) Beside the bookshelf
　(B) In a filing cabinet
　(C) On the floor
　(D) Above the copier

46. What will the woman probably do next?

　(A) Have lunch
　(B) Look through a catalog
　(C) Call in a supply order
　(D) Pick up a shipment

問題44〜46は次の会話に関するものです。

M: Denise、44プリンターが昨日壊れてしまったからTanner事務用品店に今日の4時に新しいプリンターをファックスで注文しようと思うのだけど。何か注文しておいてほしいものあるかい？

139

W: 実は新しいファイルキャビネットがほしいの。私の引き出しが引っかかってしまって、今、開けることもできないの。だから、₄₅机の横の床の上にファイルを積み上げているのよ。

M: 了解。カタログを見て、ほしいのを選んでおいてくれよ。コピー機の上の棚においてあるから。

W: わかったわ。₄₆お昼休みの後すぐに見ておくわ。今とてもお腹が空いているの。

44. 男性によると、何が問題ですか。

　(A) 彼の注文したものがまだ届いていない。
　(B) プリンターが動かない。
　(C) ファックス機が壊れている。
　(D) 書類がキャビネットに引っかかっている。

45. 女性はどこにファイルを置いていると言っていますか。

　(A) 本棚の横
　(B) ファイルキャビネットの中
　(C) 床の上
　(D) コピー機の上

46. 女性はおそらく次に何をしますか。

　(A) 昼食を食べる
　(B) カタログに目を通す
　(C) 事務用品を電話で注文する
　(D) 注文品を取りに行く

44. 正解 (B)　★★

男性の最初の発言に the printer broke「プリンターが壊れた」とあるので、(B) The printer is not working.「プリンターが動いていない」が正解です。キャビネットが開かないのは女性の問題なので (D) は不可です。

45. 正解 (C) ★★★

女性の最初の発言に、I've been stacking my files on the floor「床の上にファイルを積んでいる」とあるのでファイルは床に置かれていることがわかります。よって (C) On the floor が正解です。(D) のコピー機の上にあるのはカタログです。

46. 正解 (A) ★★

女性はカタログを見ておいてくれと言われ、最後の発言で I'll take a look right after my lunch break. I'm starving. 「昼休みの後すぐに見ておくわ。とてもお腹が空いているの」と言っています。ここから女性はおそらく昼食をとると推測できます。よって、(A) Have lunch が正解です。after 以下の部分を聴き逃してしまうと、(B) Look through a catalog「カタログに目を通す」を選んでしまいます。

🚇 語注

- office supply 事務用品
- order 動 〜を注文する
- filing cabinet ファイルキャビネット
- drawer 名 引き出し
- stack 動 〜を積み重ねる 類 pile
- beside X Xのそばに
- shelf 名 棚
- copier 名 コピー機 類 photocopier; copy machine
- lunch break 昼休み
- starve 動 とてもお腹が空いている

Questions 47 through 49 refer to the following conversation.

W: Blake, I heard ₄₇your commercial for Tiger Travel on the radio on Monday. It was very creative. It seems the managers thought so too.

M: Thanks. I was quite pleased with how it turned out. Say, Clara, ₄₇I'm working on a magazine ad for the new restaurant in Park Center. ₄₈Could you give me some feedback on the layout? ₄₉The deadline is Saturday.

W: I'm taking Wednesday and Thursday off. If it isn't too late, I can take a look at it on Friday afternoon. There's been so much work that I've had to stay late every night for the past two weeks, and I need a break.

47. Where most likely do the speakers work?

   (A) At an advertising firm
   (B) At a travel agency
   (C) At a restaurant
   (D) At a radio station

48. What does the man ask the woman to do?

   (A) Meet with the managers
   (B) Give her opinion
   (C) Take a day off
   (D) Give him a ride home

49. When is the deadline of the man's work?

   (A) Wednesday

(B) Thursday
(C) Friday
(D) Saturday

問題47〜49は次の会話に関するものです。

W: Blake、 月曜日に 47<u>あなたの Tiger Travelのコマーシャル</u>をラジオで聞いたわよ。すごく独創的だったわ。マネージャーたちも同じように思っているようよ。

M: ありがとう。 僕もその結果にはとても満足しているよ。 ところで Clara、 僕は今 Park Centerに新しくできたレストランの 47<u>雑誌広告</u>に取り組んでいるんだ。 48<u>レイアウトに関して意見を聞かせてほしいんだけど</u>。 49<u>締め切りは土曜日なんだ</u>。

W: 水曜日と木曜日は休みをとるけど、 もし遅すぎないようなら、金曜日の午後なら見られると思うわ。ここ2週間は、 やることがたくさんあって、 毎晩遅くまで残業しなければならなかったから、 休養が必要なの。

47. 話し手たちはおそらくどこで働いていますか。

(A) 広告代理店
(B) 旅行代理店
(C) レストラン
(D) ラジオ局

48. 男性は女性に何をするよう頼んでいますか。

(A) マネージャーたちに会う
(B) 彼女の意見を言う
(C) 休暇をとる
(D) 彼を家まで車で送る

49. 男性の仕事の締め切りはいつですか。

(A) 水曜日
(B) 木曜日
(C) 金曜日
(D) 土曜日

47. 正解 (A) ★★

女性の最初の発言で your commercial「あなたのコマーシャル」というフレーズがあり、また、男性の最初の発言に I'm working on a magazine ad「雑誌の広告に取り組んでいる」とあるので、広告関係の会社だと推測できます。よって (A) At an advertising firm「広告代理店」が正解です。

48. 正解 (B) ★

男性の発言に Could you give me some feedback . . . ?「フィードバックをくれますか」という依頼表現が出ています。この feedback を opinion「意見」と言い換えている (B) が正解です。女性は最後の発言で休暇をとると言ってはいますが、男性が依頼しているわけではないので(C) は不可です。

49. 正解 (D) ★★

男性の発言の最後に The deadline is Saturday「締め切りは土曜日です」とあるので、(D) Saturday が正解。(A) Wednesday と (B) Thursday は女性が休暇をとる曜日、(C) Friday は女性が男性の広告に目を通すことのできる曜日です。

最後の人の発言がなされる前にすべての問題の答えが出てしまう問題は実際の TOEIC でもたくさんあります。そういった場合は、一生懸命最後まで聞くのではなく、次のセットの設問と選択肢の先読みに使いましょう。

語注

- **creative** 形 独創的な
- **be pleased with X** Xに喜んでいる 類 be satisfied with X

- **turn out**　結局〜になる・〜だとわかる
- **work on X**　Xに取り組む
- **ad**　名 広告（advertisementの略）
- **give X feedback**　Xにフィードバックする（意見を言う）
- **layout**　名 レイアウト　類 arrangement
- **deadline**　名 締め切り
- **take a look at X**　Xを見る
- **stay late**　（職場などに）遅くまで残る
- **break**　名 休み

Questions 50 through 52 refer to the following conversation.

M: Hi, I'm here to set up a booth for the trade fair. I'm from Bison Books. ₅₀Where is our booth located?

W: OK, let me check for you… You're in booth G near the window over there. ₅₁Do you need any help? We have some staff available to help you.

M: Oh really? ₅₁I need to carry a lot of books, so that would be great.

W: Sure.

M: Also, I heard we can use a projector for free.

W: Yes, but you have to have reserved it in advance. Let me see. Uh… Yes, you can just go to the registration counter and there should be one set aside for you.

M: All right I'll get it now. ₅₂Thank you so much.

W: ₅₂Anytime.

50. What is the man searching for?

(A) A counter
(B) A book
(C) A window
(D) A booth

51. What does the man want to receive assistance with?

(A) Moving some items
(B) Setting up a projector
(C) Checking a room size
(D) Arranging some desks

52. What does the woman mean when she says, "Anytime"?

(A) She is not busy these days.
(B) She can leave the venue now.
(C) She is happy to help the man.
(D) She wants to know the man's availability.

問題50〜52は次の会話に関するものです。

M: こんにちは、 展示会のブースを設置しに来ました。Bison Booksの者です。₅₀<u>当店のブースはどこになりますか。</u>

W: ではお調べいたします… あちらの窓の近くのブースGになりますね。₅₁<u>何かお手伝いが必要でしょうか。お手伝いできるスタッフが何人かおります。</u>

M: ああ、本当ですか。₅₁<u>運ばなければならない本がたくさんあるので、それは助かります。</u>

W: もちろんです。

M: それと、無料でプロジェクターが使えると聞いたのですが。

W: ええ、ですが事前に予約しなければならないのです。ちょっとお待ちください。ええと… では、登録カウンターに行って頂ければ、1台確保してあるはずです。

M: わかりました、今やります。₅₂本当にありがとうございます。

W: ₅₂どういたしまして。

50. 男性は何を探していますか。

    (A) カウンター
    (B) 本
    (C) 窓
    (D) ブース

51. 男性は、何を手伝ってほしいですか。

    (A) いくつかの品物を動かすこと
    (B) プロジェクターを設置すること
    (C) 部屋の大きさを調べること
    (D) いくつかの机を並べること

52. 女性が「Anytime」と言う際、何を意図していますか。

    (A) 彼女は最近忙しくない。
    (B) 彼女は今会場を去ることができる。
    (C) 彼女は喜んで男性を手伝う。
    (D) 彼女は男性の手が空いているかどうか知りたい。

50. 正解 (D) ★

男性は冒頭の発言で Where is our booth located?「私たちのブースはどこですか？」と尋ねているので、(D) A booth を探しているとわかります。(B) の本は男性が運んでくるもの、(C) の窓は男性の探しているブースの近くにあるもの、(A) のカウンターはプロジェクターをとっておいてある場所です。

147

51. 正解 (A) ★★

女性は最初の発言で、Do you need any help?「手助けは必要ですか？」と述べており、次の文で「手助けをしてくれるスタッフがいる」と述べています。その後男性は、need to carry a lot of books「多くの本を運ぶ必要がある」と述べているので、carry を move「動かす」、books を items「物」と言い換えた (A) が正解です。男性はプロジェクターがどこにあるか尋ねてはいますが、設置するのを手伝ってほしいとは述べていないので (B) は不正解です。

設問の assistance は会話中の help の言い換えです。

52. 正解 (C) ★★★

発言の意図をくみ取る問題です。女性の最後の発言 Anytime は、男性の最後の発言 Thank you「ありがとう」に対する返事です。お礼の表現に対する Anytime は「いつでもお手伝いしますよ (＝どういたしまして)」の意味になります。よって、(C) She is happy to help the man.「喜んで男性を手伝う」が正解です。たとえこの表現を知らなくても、文脈や話し手の話し方から推測することも可能です。逆に文字通り「いつでも」と解釈してしまうと、「私は暇なのでいつでもいいです」と思って (A) や、「いつでも出て行っていいですよ」と思って (B) を選んでしまいます。

語注

- be available to do　〜するのに利用できる
- for free　無料で
- in advance　あらかじめ
- set aside　〜をとっておく

Questions 53 through 55 refer to the following conversation.

W: 53 Thanks for catering our company banquet which was held at the Madison Hotel. 54 We were extremely satisfied with the quality of the buffet.

M: I'm really glad to hear that. I was a bit worried because there were many guests from other countries. By the way, 55 can you give us some feedback?

W: Sure thing. What exactly do you want me to do?

M: 55 If you don't mind, I'd like you to visit the feedback page on our Web site and write your comments there.

W: I'd be happy to.

53. What type of business does the man work for?

   (A) A lodging facility
   (B) A dining establishment
   (C) A food service company
   (D) A transportation firm

54. What did the woman like about the event?

   (A) The number of guests
   (B) The quality of the food
   (C) The menu options
   (D) The friendly staff

55. What does the man ask the woman to do?

   (A) Check her schedule

(B) Write feedback online
(C) Try some samples
(D) Refer more clients

問題53~55は次の会話に関するものです。

W: Madison Hotelで開催された $_{53}$ 我が社の祝宴にケータリングをしてくださってありがとうございます。 $_{54}$ ビュッフェの品質にとても満足しました。

M: それは良かったです。外国からのお客様が多かったので、少し心配していたのです。ところで、$_{55}$ フィードバックを頂けますでしょうか。

W: もちろんです。具体的に何をすればよろしいですか。

M: $_{55}$ よろしければ、当店のウェブサイトのフィードバックのページにアクセスして、そこにコメントを書いていただきたいのです。

W: 喜んでいたします。

53. 男性は、どんな種類の事業で働いていますか。

(A) 宿泊施設
(B) 食事施設
(C) 食物サービス会社
(D) 運送会社

54. 女性は、イベントについて何が気に入りましたか。

(A) 客の人数
(B) 食物の品質
(C) メニューの選択肢
(D) 親しみやすいスタッフ

55. 男性は、女性に何をするよう頼んでいますか。

(A) 彼女の予定をチェックする
(B) オンラインでフィードバックを書く
(C) いくつかのサンプルを試す
(D) より多くの顧客を紹介する

53. 正解 (C)　★★★

女性は最初の発言で男性に対して、Thanks for catering our company banquet「会社の祝宴にケータリングをしてくれてありがとうございます」とお礼を述べています。よって、男性はケータリング会社で働いているとわかります。したがって、これを food service company「食物サービス会社」と言い換えた (C) が正解です。同じ発言に出てくる hotel で働いていると勘違いしてしまうと (A) A lodging facility「宿泊施設」を選んでしまいます。ケータリング会社は、別の場所に出向いて食事、配膳サービス、デコレーションなどをする会社でレストランのように店舗は持たないので (B) A dining establishment「食事施設」も不可です。

54. 正解 (B)　★★

女性は最初の発言で We were ... satisfied with the quality of the buffet「ビュッフェの質に満足した」とあるので、buffet を food と言い換えた (B) が正解です。

55. 正解 (B)　★★

男性の最初の発言の最後の部分に、can you give us some feedback?「フィードバックをしてくれますか」とお願いしています。それを受諾し、やり方を尋ねている女性に対して、I'd like you to visit the feedback page on our Web site and write your comments there「私たちのウェブサイトのフィードバックページを訪問し、そこにコメントを書いてほしい」と述べているので、(B) Write feedback online「オンラインでフィードバックを書く」が正解です。

151

(D) Refer more clients の refer は「〜を紹介する」という意味です。最近、お客さんを紹介してくださいという文脈で TOEIC によく登場するようになりました。

語注

- **banquet**　名 祝宴　言 dinner event

    dinner や dinner event と言い換えられるので注意

- **buffet**　名 ビュッフェ
- **feedback**　名 フィードバック・意見
- **establishment**　名 施設・店・組織
- **refer**　動 〜を紹介する

Questions 56 through 58 refer to the following conversation.

M: Hi, Jasmine.

W: Hey Peter. What's up?

M: I just got off the phone with Mr. Dolan at Fox Pharmaceuticals. ₅₆We've secured the contract and are going to do some landscaping work for them.

W: That's great news. When does the work start?

M: They need to choose what they want done first, so ₅₇I'll send them our brochure today. ₅₈But they said they want us to start sometime next week.

W: ₅₈Um, that's kind of too soon. ₅₈I might still be working on the project for Laurel Bakery.

M: Hmmm… then I should ask Josh if he's available.

56. Who most likely are the speakers?

(A) Pharmacists
(B) Gardeners
(C) Construction workers
(D) Bakers

57. What does the man say he will do today?

(A) Send some information to a client
(B) Secure a new contract
(C) Complete a project
(D) Experiment with a new bread recipe

58. What does the woman mean when she says, "Um, that's kind of too soon"?

(A) She thinks the man is considerate.
(B) She may not be able to participate in the man's project.
(C) She needs more time to prepare.
(D) She is surprised that the shipment has already come.

問題56～58は次の会話に関するものです。

M: こんにちは、Jasmine。
W: こんにちは、Peter。どうしたの。
M: たった今 Fox Pharmaceuticals の Dolan さんと電話で話したのです。₅₆ 契約が取れたので、彼らのために造園工事をすることになりました。
W: それは良いニュースですね。いつ工事が始まりますか。
M: まず私たちにしてほしいことを選ぶ必要があるので、₅₇ 今日我が社のパンフレットを送る予定です。₅₈ しかし、来週中に開始

153

してほしいとのことでした。

W: ₅₈うーん、それはちょっと急すぎますね。₅₈私はまだLaurel Bakeryのプロジェクトに取り組んでいるかもしれません。

M: うーん… では、Joshに手が空いているかどうか聞いてみます。

56. 話し手たちはおそらく誰ですか。

   (A) 薬剤師
   (B) 庭師
   (C) 建設作業員
   (D) パン屋

57. 男性は今日何をすると言っていますか。

   (A) 情報を顧客に送る
   (B) 新しい契約を取る
   (C) プロジェクトを完了する
   (D) 新しいパンのレシピを試す

58. 女性が "Um, that's kind of too soon" と言う際、何を意図していますか。

   (A) 彼女は、男性が親切だと思っている。
   (B) 彼女は、男性のプロジェクトに参加できないかもしれない。
   (C) 彼女は、準備のための時間がもっと必要だ。
   (D) 彼女は、荷物がすでに届いたので驚いている。

56. 正解 (B)　★★★

男性の2回目の発言に We … are going to do some landscaping work「造園工事をする」と述べられています。つまり、2人は造園をする (B) Gardeners「庭師」だとわかります。landscaping「景観設計・造園」と gardening「造園」はTOEICでは必須単語ですが知らなかった人にとっては難問です。(A) は契約をとった相手が pharmaceutical company「製薬会社」から連想されるひっかけです。(D) は女性の最後の発言に出てくる Bakery「ベーカリー」から連想され

るひっかけです。

ベーカリーは日本ではパン屋を指すことが多いですが、bakery はパンだけでなく pastry（ケーキ、パイ、タルトなど）も売っているお店です。

57. 正解 (A)　★★

男性の3回目の発言に I'll send them our brochure today「彼らに今日パンフレットを送ります」とあります。この them が指すのは新しい顧客の Fox Pharmaceuticals のことなので、これを client と言い換え、brochure「パンフレット」を information「情報」と言い換えた (A) が正解です。契約はすでに済んでいるので (B) は不可です。また、プロジェクトはまだ開始されていないので (C) もおかしいです。(D) は bakery という語から連想される bread「パン」という語を使ったひっかけです。

58. 正解 (B)　★★★

話し手の発言の意図をくみ取る問題です。that's kind of too soon は「それは、ちょっと急すぎる」という意味です。この that が指すのは、前の男性の発言の sometime next week「来週のいつか」のことです。女性は、I may be still working on the project for Laurel Bakery「(来週は) まだ、Laurel Bakery のプロジェクトに取り組んでいるかもしれない」と述べているので、「来週だと急すぎて新しいプロジェクトに参加できないかもしれない」という意味だとわかります。よって、(B) が正解です。準備時間が足らないといったことについては述べられていないので (C) は不可です。(D) は soon「すぐに」という日本語訳から連想される選択肢です。(A) は kind of「ちょっと」という表現を kind「親切な」

と勘違いした人をひっかけるために considerate「親切な」という語を使った選択肢です。

語注

- What's up?　どうしたの？
- secure a contract　契約をとる
- landscaping　名 景観設計・造園　類 gardening
- brochure　名 パンフレット　類 pamphlet
- kind of　ちょっと・ある程度　類 sort of
- work on X　Xに取り組む
- pharmacist　名 薬剤師
- gardener　名 庭師
- experiment with X　Xを試す
- considerate　形 親切な　類 kind

Questions 59 through 61 refer to the following conversation with three speakers.

W1: Tom, it seems like the launch of ₅₉our culinary school's new Web site has been a great success. In just one week, the site has already gotten very positive feedback from visitors.

M: Thanks, Jessica. Yeah, I didn't expect such a big reaction.

W2: Our manager looks very happy. You may get…

M: But there are still some issues with the mobile version of the Web site. People who visit our Web site on their mobile phones have complained that ₆₀some text and pictures aren't displayed correctly.

W1: Oh, I didn't know that. We need to address that problem right away, since there're so many people who browse Web sites on their smartphones.

W2: Don't worry. I've already talked to the Web designer and he's working on it.

W1: Good. ₆₁Hopefully, this won't affect our school's image.

59. Where do the speakers probably work?

(A) At a university
(B) At a Web design company
(C) At a cooking school
(D) At an advertising agency

60. According to the man, what is the problem?

(A) Some content is not shown properly.
(B) Some orders have not arrived.
(C) Some workers are not present.
(D) Some people cannot access a Web site.

61. What is Jessica worried about?

(A) A designer is not skilled enough.
(B) Her manager is not content with her performance.
(C) Customers disregard advertisements.
(D) A reputation may be harmed.

Part 3 解答と解説

問題59〜61は3人の話し手による次の会話に関するものです。

W1: Tom、₅₉ <u>我々の料理学校の新しいウェブサイト</u>の立ち上げは大成功のようです。 たった1週間で、 すでにサイトは訪問者から非常に良いフィードバックを得ています。

M: ありがとう、Jessica。ええ、こんなに反響が大きいとは思っていませんでした。

W2: マネージャーは非常に満足そうです。もしかしたらあなたは…

M: でもウェブサイトのモバイル版にはまだ若干の問題があるのです。 携帯電話でウェブサイトにアクセスする人から、₆₀ <u>文字や画像の一部が正しく表示されない</u>と苦情が入っているのです。

W1: ああ、 それは知りませんでした。 スマートフォンでウェブサイトを見る人は多いですから、 すぐにその問題に対処する必要がありますね。

W2: 心配はいりません。 すでにウェブデザイナーに話したので、彼が取り組んでいます。

W1: 良かった。 ₆₁ <u>これが我が校のイメージに影響しないといいのですが</u>。

59. 話し手はおそらくどこで働いていますか。

    (A) 大学
    (B) ウェブデザイン会社
    (C) 料理学校
    (D) 広告代理店

60. 男性によれば、何が問題ですか。

    (A) 内容の一部がきちんと表示されない。
    (B) いくつかの注文品が届いていない。
    (C) 何人かの職員が不在である。
    (D) 一部の人々がウェブサイトにアクセスできない。

61. Jessicaは何について心配していますか。

    (A) デザイナーの能力が十分でない。
    (B) マネージャーが彼女の仕事ぶりに満足していない。
    (C) 顧客が広告を無視する。
    (D) 評判が損なわれるかもしれない。

59. 正解 (C) ★★★

1人目の女性は最初の発言で、our culinary school's Web site「私たちの料理学校」とあることから、これを cooking school と言い換えた (C) が正解です。culinary「料理の」という単語を知らないと (A) の大学が不正解だと判断できません。2人目の女性の最後の発言に Web designer とあるので (B) はそのことを使ったひっかけです。

60. 正解 (A) ★★

男性の2回目の発言に some text and pictures aren't displayed correctly「(ウェブサイトの) 文字や画像が正しく表示されないところがある」とあるので、これを Some content is not shown properly「きちんと表示されないコンテンツ (内容) がある」と言い換えた (A) が正解です。display「〜を表示する」が show に、correctly「正しく」が properly きちんとに言い換えられています。Web site にアクセスできないとは述べられていないので (D) は不正解です。

61. 正解 (D) ★★★

Jessica は1人目の女性の名前です。彼女の最後の発言に Hopefully, this won't affect our school's image「我が校のイメージに影響しないといいのですが」とあります。この this はウェブサイトがきちんと表示されていないことなので、そのことで学校の評判が落ちないことを心配しているとわかるので、(D) A reputation may be harmed「評判に傷がつくかもしれない」が正解です。デザイナーの能力に関しては述べられていないので (A) は不可です。2人目の女性の発言に、マネージャーは男性の仕事に喜んでいるとはあり

159

ますが、Jessica に関しては何も述べられていないので (B) も不正解です。

(C) に出てくる disregard「～を無視する」(= ignore) もぜひ覚えておきたい単語です。

語注

- launch　名 始めること　類 start
- culinary　形 料理の
- reaction　名 反応
- address　動 ～に対応する　類 deal with
- browse　動 ～を閲覧する
- smartphone　名 スマートフォン
- hopefully　副 ～だといいのだが　類 I hope
- affect　動 ～に影響を与える
- properly　副 きちんと
- present　形 出席している
- skilled　形 熟練した　類 skillful
- performance　名 業績
- disregard　動 ～を無視する　類 ignore
- reputation　名 評判

Questions 62 through 64 refer to the following conversation and order form.

W: Hello, I'd like to have 50 business cards printed. Can you tell me how long that would take? If possible, I wanna pick them up today by 5 P.M.

M: Sure. But there's an extra charge for same-day service.

W: Hmmm... I'll be attending a job fair this coming Friday...

M: In that case, you can try our 3 business day service. That's cheaper than the same-day service. You can fill out and send the order form online or print it out and fax it to us.

W: OK, that'll work. I'm looking at the form now and I'll submit it online.

Order Form	
Same day	$30
3 business days	$20
5 business days	$10
7 business days	$5

62. What does the woman want to have printed?

  (A) A résumé
  (B) Photographs
  (C) Business cards
  (D) Concert tickets

63. Look at the graphic. What additional fee will the woman most likely pay?

161

(A) $5
(B) $10
(C) $20
(D) $30

64. What will the woman do next?

(A) Contact a shipping company
(B) Try a different store
(C) Fax a document
(D) Complete a form

問題62~64は次の会話と注文書に関するものです。

W: ₆₂もしもし、名刺を50枚印刷してもらいたいのです。どれくらい時間がかかるか教えていただけますか。可能であれば、今日の午後5時までに取りに行きたいのです。

M: 承知しました。ですが、即日仕上げだと追加料金がかかります。

W: うーん… 今週の金曜日に就職説明会に出席する予定なのです…

M: それでしたら、₆₃3営業日仕上げを試してみてはいかがでしょう。即日仕上げよりお安いです。₆₄注文書をオンラインで記入して送るか、印刷して当社にファックスしてください。

W: ₆₃わかりました、それで大丈夫です。₆₄今用紙を見ているので、オンラインで提出します。

注文書	
即日	30ドル
₆₃3営業日	20ドル
5営業日	10ドル
7営業日	5ドル

62. 女性は何を印刷してもらいたいですか。

(A) 履歴書

(B) 写真
(C) 名刺
(D) コンサートのチケット

63. 図を見てください。女性はおそらくどの追加料金を支払いますか。

(A) 5ドル
(B) 10ドル
(C) 20ドル
(D) 30ドル

64. 女性は次に何をしますか。

(A) 運送会社に連絡する
(B) 別の店に当たってみる
(C) 書類をファックスする
(D) 用紙を記入する

62. 正解 (C) ★

女性は冒頭の部分で I'd like to have 50 business cards printed「名刺を50枚印刷してほしい」と述べています。よって、(C) Business cards「名刺」が正解です。発言中に job fair「就職説明会・就職フェア」が出てくるのでそこから連想される résumé「履歴書」という単語を (A) はひっかけに使っています。

63. 正解 (C) ★★

図の情報を使って解答を出す問題です。男性は2回目の発言で you can try our 3 business day service「3営業日のサービスを利用できます」と述べています。それに対し女性は That'll work「それなら大丈夫です」と答えているので、女性はこのサービスを利用するとわかります。表を見ると 3 business days のところには $20 とあるので (C) が正解で

す。会話中に same-day service が出てきますが、女性はこれを利用しないので (D) $30 は不正解です。

business day とは「営業日」のことです。もし、土日が休みのお店で、月曜日に注文し 3 business day service を利用すれば、3 日で (つまり木曜日か金曜日には) 受け取れます。しかし、金曜日に注文すると土日は休みなので、そこを除いた 3 日間なので受け取りは次の週の火曜か水曜日になります。この場合 3 営業日ですが 5 日かかるわけです。

64. 正解 (D) ★★

女性は最後の発言で I'll submit it online「それをオンラインで提出する」と言っています。この it が指すのは the order form「注文書」のことなので、男性の前の発言にある fill out and send the order form online「オンラインで記入して送る」というのをこれから女性はするとわかる。よって、fill out「記入する」を complete と言い換えた (D) が正解です。オンラインで記入する場合は fax をする必要はないので (C) は不正解です。

語注

- **business card**　名刺
- **wanna**　want to「〜したい」の短くなった形
- **pick up**　〜を取りに行く
- **extra**　形 追加の　類 additional
- **job fair**　就職説明会
- **fill out**　〜を記入する　類 complete
- **work**　動 うまくいく

Questions 65 through 67 refer to the following conversation and map.

M: ₆₅Welcome to the York Visitor Center. How may I help you?

W: Hello, this is my first time here. Can you recommend any places for sightseeing?

M: Sure. ₆₆Are you driving?

W: No. ₆₆I took the 18 bus from my hotel.

M: OK. You don't need to park then. If you like shopping, you can visit the shopping mall on Cornwall Avenue. If you're interested in history, I think you would enjoy the York History Museum. You can learn all about this historic town.

W: That sounds interesting.

M: Oh, sorry, it's Tuesday, so the museum is closed today. ₆₇The York Science Museum is interesting, too, though. It's not to be missed.

W: ₆₇I'll try there first. And then maybe I can do some shopping.

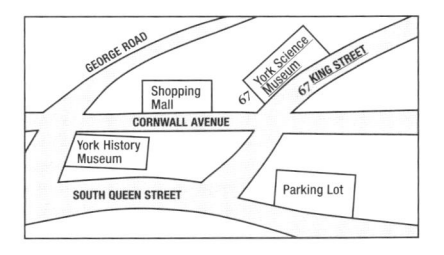

165

Part 3 解答と解説

65. Who most likely is the man?

(A) An information center employee
(B) A history museum curator
(C) A personal tour guide
(D) A hotel receptionist

66. What did the woman say she did today?

(A) She drove a rental car.
(B) She used public transportation.
(C) She checked in to a hotel.
(D) She visited a historic building.

67. Look at the graphic. On which street is the place the woman will visit next located?

(A) George Road
(B) King Street
(C) Cornwall Avenue
(D) South Queen Street

問題65〜67は次の会話と地図に関するものです。

M: ₆₅<u>York Visitor Centerへようこそ</u>。ご用件をうかがいます。
W: こんにちは、ここへ来るのは初めてなのです。観光にお勧めの場所はどこかありますか。
M: もちろんです。₆₆<u>お車でお越しですか</u>。
W: いいえ。₆₆<u>ホテルから18番のバスに乗りました</u>。
M: わかりました。では駐車の必要はないですね。買い物がお好きでしたら、Cornwall Avenueのショッピングモールに行けます。歴史に興味があればYork History Museumが楽しいと思います。この歴史的な町について色々学べます。
W: それは面白そうですね。

M: ああ、すみません、今日は火曜日なので、その博物館は今日は閉まっています。₆₇York Science Museum も面白いですけどね。是非見るべきですよ。

W: ₆₇最初にそこに行ってみます。それから多分買い物をします。

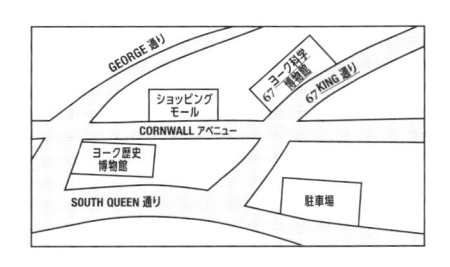

```
        GEORGE 通り
                            ヨーク科学
                            博物館
              ショッピング        ₆₇ KING 通り
              モール
        CORNWALL アベニュー
  ヨーク歴史
  博物館
                        駐車場
  SOUTH QUEEN 通り
```

65. 男性はおそらく誰ですか。

 (A) 案内所の職員
 (B) 歴史博物館の館長
 (C) 個人ツアーガイド
 (D) ホテルのフロント係

66. 女性は今日何をしたと言いましたか。

 (A) レンタカーを運転した。
 (B) 公共交通機関を使った。
 (C) ホテルにチェックインした。
 (D) 歴史的な建物を訪問した。

67. 図を見てください。女性が次に訪問する場所は、どの通りにありますか。

 (A) George Road
 (B) King Street
 (C) Cornwall Avenue
 (D) South Queen Street

Part 3 解答と解説

65. 正解 (A) ★★

男性は冒頭の発言で、Welcome to the York Visitor Center「York Visitor Center へようこそ」と述べています。よって、この Visitor Center を information center「案内所」と言い換えた (A) が正解です。その後 museum が出てくるので (B) はそこを使ったひっかけ、(D) は hotel という単語が出てくるのでそれを使ったひっかけです。

冒頭の部分に答えが出てくる問題も多いので、出だしの部分から集中して聞けるようにしておくことは重要です。会話がはじまる前の Questions... というのが聞こえたら気を引き締める癖をつけましょう。

66. 正解 (B) ★★

男性が2回目の発言で Are you driving?「お車ですか」と尋ねているのに対して、女性は I took the 18 bus from my hotel「ホテルから18番のバスに乗って来ました」と答えているので、この bus を public transportation「公共交通機関」と言い換えた (B) が正解です。車を運転はしていないので (A) はおかしいですし、今日ホテルにチェックインしたとも述べられていないので (C) も不可です。(D) は文中に出てくる historic town「歴史的 (に重要) な町」から連想されるひっかけです。historic building「歴史的に重要な建物」についてはどこにも述べられていません。

history museum は「歴史博物館」ですが、通例「歴史的に重要な建物」ではありません。

67. 正解 (B) ★★★

女性は最後の発言で、I'll try there first と述べています。

この there は1つ前の男性の発言の The York Science Museum を指しているので、女性は次にここに向かうとわかります。地図を見ると York Science Museum があるのは King Street なので (B) が正解です。(C) Cornwall Avenue は女性がその後で訪れるかもしれない shopping mall がある通りです。(A) George Road は York History Museum がある通りですが、今日は休館日なので女性はここには行かないと推測されます。(D) South Queen Street には parking lot「駐車場」がありますが、女性は車を運転してこなかったので使うことはありません。

語注

- sightseeing　名 観光
- park　動 〜を駐車する
- historic　形 歴史的に重要な
- X is not to be missed　Xは見逃せない
- curator　名 館長・学芸員
- receptionist　名 受付係・(ホテルの) フロント係

Questions 68 through 70 refer to the following conversation and voucher.

M: Hello, this is Chris Fisher. ₆₈I visited your office for an eye-exam last Friday and ordered a pair of glasses. ₆₉I was wondering if they'll be ready to pick up today.

W: Hi, Mr. Fisher. Thank you for calling. Let me check. Hmm… looks like they'll be arriving this afternoon. ₆₉So you can come pick them up any time after 3 P.M.

M: Okay, I can do that. Oh, and ₇₀could you tell me if I can use the voucher I received the last time I bought contact lenses there? It says it expires on November 29.

W: ₇₀Yes, no problem. By the way, the cost of your order before applying the voucher is one hundred and twenty seven dollars.

OUT OF SIGHT OPTOMETRY
Special Voucher

Glasses ($20–$50) . . . . $ 5 value
Glasses ($51–$99) . . . . $ 7 value
₇₀Glasses ($100 or more) . . . $15 value
Contacts ($50 or more) . . . $10 value
Expires 11/29

---

68. What did the man do last Friday?

(A) He bought new contact lenses.
(B) He had his eyes checked.
(C) He called an optician.
(D) He received a coupon.

170

69. What does the woman suggest the man do?

(A) Pick up his order this afternoon
(B) Come to her office earlier
(C) Prepare some documents
(D) Call her back in November

70. Look at the graphic. What discount will the man probably receive?

(A) $5
(B) $7
(C) $10
(D) $15

問題68〜70は次の会話とクーポン券に関するものです。

M: もしもし、Chris Fisherです。₆₈先週の金曜日に目の検査のためにそちらのオフィスを訪問して、眼鏡を注文しました。₆₉今日取りに行ってもよろしいでしょうか。

W: こんにちは、Fisherさん。お電話ありがとうございます。お調べします。ええと… どうやら今日の午後に届くようですね。₆₉午後3時より後でしたらいつでも取りに来てください。

M: わかりました、そうします。ああ、それと、前回そちらでコンタクトレンズを買った時にもらった₇₀割引券を使えるかどうか教えてもらえますか。11月29日が期限だと書いてあります。

W: ₇₀はい、大丈夫です。ちなみに、割引券を適用前のご注文の価格は127ドルです。

```
Out of Sight Optometry
特別割引券

眼鏡（20ドルから50ドル）‥‥‥5ドル相当
眼鏡（51ドルから99ドル）‥‥‥7ドル相当
眼鏡（100ドル以上）‥‥‥‥‥15ドル相当
70 コンタクトレンズ（50ドル以上）・10ドル相当
11/29まで有効
```

68. 男性は、先週の金曜日に何をしましたか。

(A) 新しいコンタクトレンズを買った。
(B) 目を検査してもらった。
(C) 眼鏡技師に電話をかけた。
(D) クーポンを受け取った。

69. 女性は、男性に何をするよう提案していますか。

(A) 今日の午後、注文品を取りに来る
(B) 彼女のオフィスにより早く来る
(C) いくつかの書類を準備する
(D) 11月に彼女に電話をかけ直す

70. 図を見てください。男性は、おそらくどの割引を受けますか。

(A) 5ドル
(B) 7ドル
(C) 10ドル
(D) 15ドル

68. 正解 (B)　★★

男性の最初の発言に、I visited your office for an eye-exam last Friday「先週の金曜日に目の検査のためにあなたのオフィスに行った」とあるので、これを He had his eyes checked「目の検査をしてもらった」と言い換えた (B) が正

解です。クーポンを受け取ったのは、前にコンタクトレンズを購入した時で、先週の金曜日は眼鏡を注文しに行っているので (A) も (D) も間違いです。

69. 正解 (A) ★★

今日注文した眼鏡を取りに行きたいという男性の発言に対し、女性は、最初の発言の最後の部分で、you can come pick them up any time after 3 P.M.「午後3時過ぎであればいつでも取りに来てもよい」と答えているので、them (= glasses) を his order「彼の注文品」、any time after 3 P.M. を this afternoon「今日の午後」と言い換えた (A) が正解です。November はクーポンが切れる月で、女性に電話をかけ直すとはどこにも出ていないので (D) は不可です。

70. 正解 (D) ★★★

図の情報を使う問題です。男性は2回目の発言で、クーポンが使えるかを尋ねています。それに対し、女性は Yes, no problem「はい、問題ありません」と答えています。そして女性は the cost of your order before applying the voucher is one hundred and twenty seven dollars「クーポン適用前の値段は127ドルです」と述べています。クーポンを見ると100ドル以上の眼鏡に適用される割引は15ドルなので (D) が正解です。会話の途中に出てくる contact lenses から男性がコンタクトレンズを注文したと勘違いしてしまうと (C) $10を選んでしまいます。

新形式の図表を使う問題は Part 7の複数の情報を照らし合わせる問題のリスニングバージョンと言えます。しかし、1度しか流れない音声と視覚情報を照合しなくてはならないの

173

で慣れるまでは難問と言えるでしょう。

語注

- glasses　名 眼鏡
- pick up　〜を取りに行く
- voucher　名 割引券・クーポン　類 coupon
- expire　動 期限が切れる
- apply　動 〜を適用する
- have X done　Xを〜してもらう

Part 4 解答と解説

Questions 71 through 73 refer to the following talk.

Good morning, everyone. Congratulations on being hired by Mackenzie Foods. ₇₁I'm Tony Kaneda, the plant manager. Welcome to this new employee orientation session. First, let me talk about some of our regulations. ₇₁₋₇₂Anyone entering the production area must wear a special protective uniform, including the face mask, gloves, and cap that go with it. Since we're handling food items, we always have to pay close attention to sanitation. Please confirm whether the person next to you is wearing the uniform properly... OK, looks like all of you are ready. ₇₃Now, Jonathan Stoneman will guide you to the actual production area. There, you'll see how our products are manufactured.

71. Where most likely is the talk taking place?

(A) In a hospital
(B) In a restaurant
(C) In a factory
(D) In a retail store

72. According to the speaker, what are the listeners required to do?

(A) Avoid talking with other employees
(B) Sanitize production machinery regularly
(C) Wash their hands before entering the premises
(D) Wear designated clothes in a certain area

175

73. What will the listeners do next?

(A) Follow Mr. Kaneda
(B) Check each other's appearance
(C) Observe a production process
(D) Watch an instructional video

問題71〜73は次の話に関するものです。

おはようございます、皆さん。Mackenzie Foods へのご入社、おめでとうございます。₇₁私は、工場のマネージャーの Tony Kaneda です。この新入社員説明会へようこそ。はじめに、我が社の規則をいくつかお話しします。₇₁-₇₂製造エリアに入る時は誰でも、付属のフェイスマスク、手袋とキャップを含む特別保護ユニフォームを着用しなければなりません。我が社は食品を扱っているので、公衆衛生には常に細心の注意を払わなければなりません。では、隣の人がきちんとユニフォームを着用しているかどうか確かめてください…皆さん準備ができたようですね。では、₇₃Jonathan Stoneman が皆さんを実際の製造エリアへ案内します。そこで、我が社の製品がどのように製造されるかを見学します。

71. 話はおそらくどこで行われていますか。

(A) 病院
(B) レストラン
(C) 工場
(D) 小売店

72. 話し手によれば、聞き手は何をすることを求められていますか。

(A) 他の従業員と話すことを避ける
(B) 定期的に製造機械を消毒する
(C) 建物に入る前に、手を洗う
(D) 特定のエリアでは、指定された服を着る

73. 聞き手は次に何をしますか。

(A) Kaneda さんの後について行く
(B) 互いの服装をチェックする

(C) 製造工程を見学する
(D) 教育的なビデオを見る

71. 正解 (C) ★★

3文目に I'm Tony Kaneda, the plant manager の部分の plant「工場」をきちんと聞き取れていれば factory「工場」とある (C) を選ぶことができます。ここでわからなくても production area「製造エリア」といったヒントもあります。

72. 正解 (D) ★★

中盤の部分に Anyone entering a production area must wear a special protective uniform「製造エリアに入る人は皆特別保護ユニフォームを着なければならない」とあるので、ユニフォームを designated clothes「指定された服」、production area を a certain area「あるエリア」と言い換えた (D) が正解です。sanitation「衛生」という単語は話の中に出てきてはいますが、機械を衛生的にするといったことや、手を洗うというのは述べられていないので (B) も (C) も不可です。

be required to do「～するように求められる」と must, have to「～しなければならない」の言い換えは基本です。

73. 正解 (C) ★★★

最後の2文に Now … Stoneman will guide you to the … production area「Stoneman が製造エリアに連れていく」 There, you'll see how our products are manufactured「そこで、どのように製品が作られているかを見る」とあるので、「製造工程を見る」とした (C) が正解です。聞き手がついて

177

行くのは Stoneman で Kaneda ではないので (A) は不可です。また、ユニフォームをきちんと着ているかの見た目のチェックは OK, looks like all of you are ready「準備ができたようだ」と言っているのですでに終わっていると判断できるため (B) も正解にはなりません。

🚌 語注

- **plant** 名 工場 圆 factory
- **protective** 形 保護の
- **pay attention to X** Xに注意を払う
- **sanitation** 名 衛生
- **confirm** 動 〜を確認する
- **properly** 副 きちんと
- **manufacture** 動 〜を生産する
- **avoid doing** 〜するのを避ける
- **sanitize** 動 〜を衛生的にする・〜を消毒する
- **appearance** 名 見た目
- **observe** 動 〜を観察する・〜に従う

Questions 74 through 76 refer to the following recorded message.

₇₄Thank you for calling the law offices of Owens and Owens. The office is currently closed. If you are calling to make an appointment, please call us back during our regular business hours, which are Monday to Friday from 9 A.M. to 5 P.M. ₇₅If you would like to leave a message, please press 0. Don't forget to mention your contact information so that ₇₆one of our counselors can get back to you. ₇₆If you prefer, you can also make an appointment online to talk to them. To do so, visit owensandowenslawoffice.com and click the "appointment" tab. Thank you.

74. What type of business has the caller reached?

(A) A travel agency
(B) A doctor's office
(C) A law firm
(D) An online retailer

75. What are listeners asked to do after they press 0?

(A) Hear the office's hours of operation
(B) Speak to a representative
(C) Leave their contact details
(D) Rerecord an outgoing telephone message

76. According to the speaker, what can the listeners do on the Web site?

(A) Read testimonials from customers
(B) See Mr. Owens' mobile phone number

Part 4 解答と解説

(C) Check directions to an office
(D) Book a time for a consultation

問題74〜76は次の録音メッセージに関するものです。

₇₄<u>Owens and Owens 法律事務所にお電話をありがとうございます</u>。オフィスは現在閉まっております。ご予約の場合は、通常の営業時間である月曜日から金曜日の午前9時から午後5時の間におかけ直しください。₇₅<u>メッセージを残す場合は、0を押してください</u>。₇₆相談員の1人があなたに連絡できるように、₇₅<u>忘れずにご連絡先を残してください</u>。₇₆<u>よろしければ、相談員との相談をオンラインで予約することもできます。そうする場合は、owensandowenslawoffice.com にアクセスして、「予約」のタブをクリックして</u>ください。さようなら。

74. どんな種類のビジネスに電話がかかっていますか。

(A) 旅行代理店
(B) 医者のオフィス
(C) 法律事務所
(D) オンラインの小売店

75. 聞き手は0を押したあと、何をするよう求められていますか。

(A) オフィスの営業時間を聞く
(B) 販売担当者と話す
(C) 連絡先を残す
(D) 電話の案内メッセージを再録音する

76. 話し手によると、聞き手はウェブサイトで何をすることができますか。

(A) 顧客からの推薦文を読む
(B) Owensさんの携帯電話の番号を見る
(C) 事務所への道順を確認する
(D) 相談の時間を予約する

74. 正解 (C) ★

冒頭の部分で留守電の話し手は Thank you for calling the law offices of...「…の法律事務所にお電話ありがとうございます」と述べていることから、電話のかけ手は (C) A law firm「法律事務所」に電話をかけているとわかります。

75. 正解 (C) ★★

中盤に to leave a message, please press 0「メッセージを残すには0を押してください」とあります。その後に Don't forget to mention your contact information「連絡先の情報を言い忘れないでください」と頼まれているので、この contact information を contact details「連絡先の詳細」と言い換えた (C) が正解です。営業時間に関してはすでに述べられており、0を押す必要はないので (A) は不可です。

> be asked to do「～にするように頼まれる」が含まれている問題の正解のヒントに命令文が出てくることがよくあります。

76. 正解 (D) ★★

最後から2文目に To do so, visit owensandowenslawoffice.com とウェブサイトのアドレスが述べられています。この To do so「そうするためには」は前の文の make an appointment online to talk to them なのでオンラインで予約ができるとわかります。この them が指すのは前の文の counselors なので、相談 (consultation) の予約がウェブサイトでとれるとわかります。よって、(D) が正解です。

181

Part 4 解答と解説

語注

- **leave a message** メッセージを残す
- **counselor** 名 相談員
- **testimonial** 名 推薦文・お客様の声

  testimonialは最近よく出るようになった単語です。

- **directions** 名 道順
- **book** 動 〜を予約する

Questions 77 through 79 refer to the following talk.

Ladies and gentlemen, thank you for coming. Thirty years ago, five men joined together to develop and market software applications for a young and growing computer industry. They called the company Vitalsoft. Now ₇₈Vitalsoft, Inc., is a global leader in business software, known worldwide for a variety of innovative applications. ₇₈I've been working at this company for 25 years now, but ₇₇I will never forget my first boss, Jack Slaten. And that is the man whose long career comes to a close this evening. Tonight it is my special privilege to introduce this man to you. Ladies and gentlemen, please give a warm round of applause for ₇₉Vitalsoft co-founder, Mr. Jack Slaten.

77. Where is the talk probably taking place?

(A) At a retirement ceremony
(B) At a grand opening event
(C) At an awards banquet

182

(D) At a product release event

78. When did the speaker join Vitalsoft?

(A) 20 years ago
(B) 25 years ago
(C) 30 years ago
(D) 35 years ago

79. What does the speaker say about Jack Slaten?

(A) He was recently promoted.
(B) He will present a prize.
(C) He was a subordinate of the speaker.
(D) He established a company.

問題77〜79は次の話に関するものです。

皆さま、ようこそお越しくださいました。30年前、新進の成長過程にあったコンピューター産業のためのソフトウェアを開発し、市場に売り出すため、5人の男性が集結しました。彼らは会社をVitalsoftと名づけました。今、78 Vitalsoft社は、様々な革新的アプリケーションで世界的に知られており、ビジネスソフトウェアの世界的リーダーです。78 私はこの会社で25年働いていますが、77 私の最初の上司 Jack Slaten を忘れることはないでしょう。そして、その彼が今晩長いキャリアに幕を下ろす人です。今晩この方を皆様に紹介できることを光栄に思っています。それでは皆様、79 Vitalsoft社の共同設立者である Jack Slaten 氏を温かい拍手でお迎えください。

77. このトークはおそらくどこで行われていますか。
    (A) 退職セレモニー
    (B) 開店イベント
    (C) 受賞の宴
    (D) 製品リリースイベント

Part 4 解答と解説

78. 話し手はいつ Vitalsoft 社に就職しましたか。

(A) 20 年前
(B) 25 年前
(C) 30 年前
(D) 35 年前

79. 話し手は Jack Slaten について何と言っていますか。

(A) 彼は最近昇進した。
(B) 彼は賞を贈呈する。
(C) 彼は話し手の部下だった。
(D) 彼は会社を設立した。

77. 正解 (A) ★★

トークの中盤に And that is the man whose long career comes to a close this evening. があり、この the man は前の文の Slaten を受けています。よって Slaten は今晩長いキャリアに幕を下ろす人、つまり、退職する人だとわかります。そして話し手は彼を紹介しているので、場面は (A) At a retirement ceremony「退職セレモニー」だとわかります。

78. 正解 (B) ★★

トークの中盤の I've been working at this company for 25 years now「会社で働いて25年になります」とあります。この this company は Vitalsoft のことなので、話し手はこの会社に25年前に入社したとわかります。よって (B) 25 years ago が正解です。(C) 30 years ago はこの会社が設立された年です。

79. 正解 (D) ★★★

最後の文に、Vitalsoft co-founder, Mr. Jack Slaten とあることから、彼が会社の創設者の1人であるとわかります。よって (D) He established a company.「彼は会社を設立した」が正解です。Mr. Slaten は話し手の昔の上司なので、(C) は話し手と Mr. Slaten の関係が逆転しています。subordinate は「部下」という意味です。

establish「~を設立する」= found の言い換えは重要です。

語注

- market　動 ~を市場に出す・~のマーケティングを行う
- software application　ソフトウェア
- global leader　世界をリードする会社
- worldwide　副 世界に広まった　類 globally
- a variety of X　様々なX　類 a selection of X; a range of X
- innovative　形 革新的な　類 new; unique
- privilege　名 名誉・特権

Questions 80 through 82 refer to the following talk.

Welcome to Big Valley. ₈₀My name is Dane Gilliam, and I'll be leading the hike today. Big Valley features an extensive network that combines for a total of over a hundred kilometers of hiking trails. ₈₀Today's tour will include some of the most scenic areas in the park. ₈₁And there will be plenty of opportunities for taking pictures. We'll start our tour here at the main trailhead and make our way along the River Ridge Trail until we get to Waldorf Lake. We'll break for lunch there. ₈₂Please refrain from feeding any birds, fish or animals that we see along the way, as it's against park regulations.

80. Who most likely is the speaker?

(A) A travel agent
(B) A pet shop owner
(C) A tour guide
(D) A bicyclist

81. What does the speaker imply when he says, "And there will be plenty of opportunities for taking pictures"?

(A) There are many animals in one place.
(B) He will lend cameras to the listeners.
(C) The listeners will not be rushed.
(D) There are many rivers worth seeing.

82. What does the speaker ask the listeners not to do?

(A) Eat lunch in a building
(B) Give food to animals
(C) Stand up in the vehicle
(D) Make loud noises

問題80〜82は次の話に関するものです。

Big Valleyにようこそ。80 私の名前は Dane Gilliam です。私が今日のハイキングを先導します。Big Valley は、合計 100 キロメートル以上のハイキング・コースの大規模なネットワークを特徴としています。80 今日のツアーには公園の非常に景色のいい場所もいくつか含まれており、81 写真を撮る機会がたくさんあります。このメイン・コースの起点から始まり、Waldorf 湖に着くまで River Ridge Trail 沿いを進みます。そこで昼食のための休憩をとります。公園の規則により、82 途中出会ういかなる鳥、魚、動物にも餌を与えることは禁止されていますので、どうかお控えくださるようお願いします。

80. 話し手はおそらく誰ですか。

 (A) 旅行業者
 (B) ペットショップのオーナー
 (C) ツアーガイド
 (D) 自転車に乗る人

81. 話し手が "And there will be plenty of opportunities for taking pictures" と言う際、何を示唆していますか。

 (A) 一か所に多くの動物がいる。
 (B) 彼は聞き手にカメラを貸す。
 (C) 聞き手たちは急がされることはない。
 (D) 見る価値のある川がたくさんある。

82. 話し手は聞き手に何をしないように頼んでいますか。

 (A) 建物の中で昼食を食べる
 (B) 動物に食べ物を与える
 (C) 車内で立ち上がる
 (D) 大きな音を立てる

80. 正解 (C) ★

出だしの自己紹介をしているところに I'll be leading the hike today「今日のハイキングを先導します」とあります。

187

また4文目には Today's tour とあるので、話し手は (C) A tour guide「ツアーガイド」だとわかります。

最近は park ranger「パークレンジャー・公園保護官」もよく出てきます。

81. 正解 (C)　★★★

話し手の発話の意図をくみ取る問題です。there will be plenty of opportunities for taking pictures「写真を撮る機会がたくさんある」というのは難しくない表現です。しかし、文脈によってはどの選択肢も正解になりえるので、きちんと内容を把握する必要があります。この発言の前文にはツアーには scenic areas「景色が良い場所」が含まれるとあり、写真を撮る機会があるので、「景色の良い場所ではゆっくりと時間をとる」⇒「急がなくても大丈夫」という意味だとわかります。よって、(C) The listeners will not be rushed.「聞き手たちは急がされることはない」が正解です。景色には触れられていますが、動物が一か所に集まっているというヒントはないので (A) は不可、またカメラの貸し出しをすると言うのも述べられていないので (B) も不可です。景色については述べられていますが many rivers「多くの川」があるとは判断できないので (D) も不正解。

82. 正解 (B)　★★

今回は not to do なので禁止事項を聞くものです。最後の文は Please から始まる依頼の文なのでここをヒントにします。Please refrain from feeding any ... animals「どんな動物にも餌を与えないようにしてください」とあるので、これを Give food to animals「動物に食べ物を与える」と言い換えた (B) が正解です。

refrain from doing「～するのを控える」は重要表現です！

語注

- hiking trail　ハイキング・コース
- include　動 ～を含む
- scenic　形 景色のよい　類 picturesque
- plenty of X　たっぷりのX・たくさんのX
- opportunity　名 機会　類 chance
- trailhead　名 登山口
- along X　Xに沿って
- get to X　Xに着く　類 reach X; arrive at X
- break　動 休憩する　類 rest
- refrain from doing　～するのを控える
- feed X　Xに食べ物（餌）をやる
- regulation　名 規則　類 rule

Questions 83 through 85 refer to the following radio broadcast.

🇺🇸 ◀ 53

This is Cathy Welsh with the KXTC five o'clock traffic report. ₈₃Traffic on Highway 86 has been slowed due to heavy snow. ₈₄A multi-car accident on the Greenberg Bridge has traffic at a standstill, and commuters who use the bridge are advised to take the Gordon Tunnel instead. Heavy congestion is reported on all southbound lanes of the Everton Freeway from downtown to exit 102. ₈₅Up next, a message from our sponsor, followed by today's local news. Make sure to tune in to the Trent Maddox show this evening for a special interview with movie actor Sally Banks.

Part 4 解答と解説

83. What is the cause of the slow traffic on Highway 86?

(A) Bad weather
(B) A car accident
(C) Construction work
(D) Closure of one lane

84. What are drivers who use the Greenberg Bridge recommended to do?

(A) Take an alternate route
(B) Reduce their driving speed
(C) Make way for emergency vehicles
(D) Listen for updates

85. What will listeners probably hear next?

(A) A weather forecast
(B) A talk show
(C) A news report
(D) A commercial message

問題83〜85は次のラジオ放送に関するものです。

こちらはCathy Welshです。ここからはKXTC局5時の交通情報です。₈₃国道86号線は大雪のため流れが悪くなっています。₈₄Greenberg橋は、複数車の事故により通行ができなくなっています。なので、橋を利用するドライバーは代わりにGordonトンネルを使うことをお勧めします。ダウンタウンから102番出口までのEverton高速道路の南に向かうすべての車線は、ひどい渋滞が報告されています。₈₅次は、スポンサーからのメッセージです。それに続いて、今日のローカルニュースです。映画女優のSally Banksとの特別インタビューが行われる今夜のTrent Maddoxショーをお聴き逃しなく。

83. 国道86号線の流れが悪くなっている原因は何ですか。
　(A) 悪天候
　(B) 交通事故
　(C) 道路工事
　(D) 1車線の閉鎖

84. Greenberg橋を使うドライバーは何をするよう勧められていますか。
　(A) 代わりのルートを使う
　(B) 運転スピードを落とす
　(C) 緊急車両のために道を開ける
　(D) 最新情報に耳を傾ける

85. 聞き手はおそらく次に何を聴きますか。
　(A) 天気予報
　(B) トークショー
　(C) ニュース
　(D) コマーシャル

83. 正解 (A)　★★

放送の2文目に Traffic on Highway 86 has been slowed due to heavy snow.「大雪が原因で86号線の交通の流れが悪くなっている」とあるので、heavy snow を Bad weather「悪天候」と言い換えている (A) が正解です。(C) の交通事故は Greenberg Bridge で起こったことです。

84. 正解 (A)　★★

3文目に Greenberg Bridge という言葉が出てきます。その後ろに commuters who use the bridge are advised to take the Gordon Tunnel instead.「橋を使うドライバーは代わりに Gordon トンネルを使うようお勧めします」という提案内容が出てきます。よって、これを Take an alternate route

191

「代わりのルートを使う」と言い換えた (A) が正解です。

🗣 take a detour「迂回する」も重要表現なので覚えておきましょう。

85. 正解 (D)　★★★

最後から2文目に Up next, a message from our sponsor「次はスポンサーからのメッセージです」とあることから、これを言い換えた (D) A commercial message「コマーシャル」が正解です。コマーシャルの後にニュースがあるので、(C) A news report は不正解です。A is followed by B は「A は B についてこられる」→「A の後ろに B が続く」という意味です。つまり、A が先、B が後になります。(B) のトークショーは this evening「今晩」に放送されるものです。

🚌 語注

- traffic report　交通情報
- highway　名 幹線道路
- standstill　名 停止・行き詰まり
- commuter　名 通勤者・通学者
- be advised to do　〜するよう勧められる
- congestion　名（交通の）混雑
- exit　名 出口・（高速道路などの）インター
- tune in to X　チャンネルをXに合わせる
- actor　名 俳優　※男優、女優どちらも含みます

Questions 86 through 88 refer to the following advertisement.

~~86~~Hi, I'm Brett Fuller, owner of Fuller Carpet and Tile. We have been Littleton's number-one name in retail flooring for the last ten years. Come visit any one of our three Littleton locations to see the area's largest selection of ~~86~~carpets and area rugs for your home. ~~87~~In addition, we're proud to announce the introduction of our new residential carpet-cleaning service. To start our new service, we're offering a special promotional deal for this week only. Pay for steam-cleaning service for any room in your home, and we'll clean the carpet in a second room for half price. ~~88~~How can you pass up this chance?

86. What type of business is being advertised?

    (A) A flooring company
    (B) A plumber
    (C) A gardening service
    (D) A car rental shop

87. According to the advertisement, what has the company recently done?

    (A) Extended its business hours
    (B) Opened a new location
    (C) Introduced a new service
    (D) Renovated its office

88. What does the man mean when he says "How can you pass up this chance"?

193

Part 4 解答と解説

(A) He looks forward to serving customers.
(B) His company is going out of business soon.
(C) The offer is a very good deal for listeners.
(D) He doesn't understand why a decision was made.

問題86〜88は次の広告に関するものです。

₈₆どうも、Fuller Carpet and Tile のオーナーの Brett Fuller です。私どもは、10年間 Littleton の1番のフローリング店として営業しています。Littleton にある3店舗のうちの1つに、地域で最も品ぞろえのよい ₈₆カーペットとじゅうたんを見にいらしてください。₈₇さらに、新しく家のカーペット洗浄を始めることをご案内申し上げます。新しいサービスを始めるのに伴い、今週のみ販売促進の特別価格でご提供いたします。お家のお部屋の蒸気清浄サービスをご利用いただければ2部屋目のカーペット洗浄を半額でご提供いたします。₈₈この機会をお見逃しなく。

86. どんな種類の事業が広告されていますか。

(A) フローリングの会社
(B) 配管工
(C) 造園業者
(D) レンタカー店

87. 広告によると、会社は最近何をしましたか。

(A) 営業時間を延長した
(B) 新しい場所に店を開いた
(C) 新しいサービスを導入した
(D) オフィスを改装した

88. 男性は "How can you pass up this chance" と言う際、何を意図していますか。

(A) お客を応対するのを楽しみしている。
(B) 彼の会社はすぐに廃業する。
(C) 聞き手にとってこのオファーはとてもお得である。
(D) 彼はなぜある決定がなされたのか理解できない。

194

86. 正解 (A) ★

2文目に Littleton's number-one name in retail flooring「Littletonで1番のフローリング店」とあります。その後、このお店の特別サービスの内容が説明されていきます。よって、宣伝されている企業は (A) A flooring company だとわかります。

冒頭の会社名 Fuller Carpet and Tile にカーペットとタイルという言葉や3文目の carpets and area rugs「カーペットとじゅうたん」もヒントになります。

87. 正解 (C) ★★★

中盤の In addition からはじまる4文目に new residential carpet-cleaning service「新しい家庭のカーペット洗浄サービス」とあることから (C) Introduced a new service「新しいサービスを導入した」が正解です。これから導入されるのではと考えた人もいるかもしれませんが、a special promotional deal for this week only「今週だけの特別販売促進価格」と述べているのですでにこのサービスがはじまっていることがわかります。住居のカーペットを洗うことに関しては述べていますが、オフィスの改装に関しては述べられていないので (D) は不正解です。

introduce は人を「紹介する」だけでなく、何かを「導入する」という意味でもよく使われます。

88. 正解 (C) ★★

発話者の意図をくみ取る問題です。How can you pass up this chance? の pass up「~を逃す」を知っていれば簡単に正解できますが、知らなくても this chance「この機会」が、

195

前文の「ある部屋をクリーニングしたら、もう一部屋のカーペットを半額で洗浄すること」、つまりその前の文の special promotional deal「特別販売促進価格」だとわかれば、very good deal「とてもお得だ」とある (C) を選ぶことができます。「なぜこの機会を逃すことができるのですか (いやできないでしょう!)」というのが話者の意図です。(A) お客にサービスを提供するのを楽しみにしているというのは、この広告だけでは判断できません。閉店セールではないので (B) は不可です。(D) は、いい機会があったのに、それを逃そうと決めた人に対して言うのであれば正解になりえますが、そういった文脈ではないので正解にはなりません。

語注

- retail 名 小売業 形 小売りの
- location 名 店舗・支店・場所
- area rug 部屋の一部に敷くじゅうたん 類 carpet
- introduction 名 導入・紹介
- residential 形 住宅の
- promotional 形 販売促進の
- steam 名 蒸気

Questions 89 through 91 refer to the following telephone message.

Hi, Ms. Tanaka. This is Helen Carter. ₈₉I have an appointment scheduled for a haircut tomorrow morning, but I'm afraid I have to cancel. I'm having a problem with one of my teeth. ₉₀And tomorrow morning is the only time that my dentist can fit me in this week. ₈₉I still want to come in to your salon and get my hair done, but I'll be busy with work for the next two days. I'd like to reschedule my visit for a week from today if that's possible. ₉₁Could you get back to me this afternoon and let me know if that's OK? Thanks.

89. Where is the speaker calling?

   (A) A dental office
   (B) A beauty salon
   (C) A cosmetic company
   (D) A department store

90. What does the speaker imply when she says, "And tomorrow morning is the only time that my dentist can fit me in this week"?

   (A) Her dentist will be busy next week.
   (B) She cannot visit Ms. Tanaka tomorrow.
   (C) She has to cancel her hotel reservation.
   (D) Her qualifications are suitable for a job.

91. What is the listener asked to do?

   (A) Attend a meeting
   (B) Check an inventory

(C) Make a reservation for dinner
(D) Return a call

問題89〜91は次の電話のメッセージに関するものです。

もしもし、Tanakaさん、Helen Carterです。₈₉明日の朝にヘアカットの予約をしていたのですが、キャンセルしなければなりません。歯の1本に問題があるんです。₉₀そして明日の朝が今週唯一、行きつけの歯医者に診察してもらえる日なのです。₈₉まだあなたのサロンでヘアカットをしてもらいたいと思っています。しかし、今後2日間は仕事がとても忙しいのです。なので、可能でしたら来週の今日に予約を変更したいと思っています。₉₁今日の午後に折り返しお電話いただき、予約の変更が可能かどうかお知らせいただけますか。ありがとうございます。

89. 話し手はどこに電話をしていますか。

　(A) 歯科医院
　(B) 美容院
　(C) 化粧品会社
　(D) デパート

90. 話し手が "And tomorrow morning is the only time that my dentist can fit me in this week" と言う際、何を示唆していますか。

　(A) 彼女の歯医者は来週忙しい。
　(B) 彼女はTanakaさんのところに明日行けない。
　(C) 彼女はホテルの予約をキャンセルしなければならない。
　(D) 彼女の資格は仕事にふさわしいものである。

91. 聞き手は何をするよう頼まれていますか。

　(A) 会議に参加する
　(B) 在庫を確認する
　(C) 夕食の予約をする
　(D) 折り返し電話をする

89. 正解 (B) ★

3文目の I have an appointment scheduled for a haircut「ヘアカットの予約をしている」や6文目の your salon「あなたのサロン」とあることから、話し手が電話をしているのは (B) A beauty salon「美容院」だとわかります。

90. 正解 (B) ★★★

話し手の発言の意図をくみ取る問題です。tomorrow morning is the only time that my dentist can fit me in this week「明日の朝が今週私を割り込ませることができる唯一の時間です（⇒診察してもらえるのは明日のその時間しかないから診察に行かなければならない）」とあります。2文前で話し手は I have to cancel「キャンセルしなくてはならない」と述べています。このキャンセルするのは明日の Ms. Tanaka の美容院の予約のことなので、(B) が正解です。歯医者は今週忙しいことは推測できますが、来週忙しいかは不明なので (A) は不可です。また、キャンセルするのは美容院の予約で、ホテルではないので (C) も不正解です。(D) は fit に「合う」という意味があるので、そこから連想される suitable「適切な」という語を使ったひっかけです。

91. 正解 (D) ★

最後から2文目に Could you get back to me this afternoon...?「今日の午後折り返し電話をもらえますか」という依頼の表現がきています。よって正解は、これを言い換えた (D) Return a call「折り返しの電話をする」です。get back to X「Xに折り返し電話をする」は日常よく使われる表現です。

Part 4 解答と解説

留守番電話のメッセージにも I'll get back to you as soon as possible.「できる限り早く折り返し電話をします」というフレーズがよく入っています。

語注

- schedule an appointment　予約をする
  類 make an appointment
- dentist　名 歯医者
- fit X in　Xをスケジュールに割り込ませる
- be busy with X　Xで忙しい
- get back to X　Xに折り返し電話をする
  類 return X's call
- let X know　Xに知らせる　類 inform X; tell X

Questions 92 through 94 refer to the following telephone message

₉₃Hi, this is a message for Steve Landgraf. ₉₂This is Paula from Conrad Real Estate. You told me you were interested in the three-bedroom apartment I showed you yesterday. Well, I'm calling because ₉₃Ms. Samad, the owner of the apartment, told me that someone who visited the apartment today would like to sign a rental agreement right away. ₉₃But she said she prefers you, because you're planning to rent the place for a longer period. Please let me know immediately whether you want to rent this place or not. ₉₄If I don't hear from you by tomorrow morning at 10:00 A.M., the owner's going to offer it to this other person. Personally, I think the apartment is a great deal. My number is 555-9875.

92. What is the message about?

(A) A property lease
(B) Cleaning a room
(C) A job offer
(D) Finding a better supplier

93. Why does Ms. Samad want to sign an agreement with Mr. Landgraf?

(A) He has relevant experience.
(B) He is familiar with the town.
(C) He is considering a longer contract.
(D) He was the first person to contact her.

94. According to the speaker, when is the deadline for Mr. Landgraf to make a decision?

(A) This evening
(B) Tomorrow morning
(C) Tomorrow evening
(D) The day after tomorrow

問題92～94は次の電話のメッセージに関するものです。

93 もしもし、これは Steve Landgraf へのメッセージです。92 こちらは Conrad不動産の Paula です。昨日あなたにお見せした寝室が3つあるアパートに興味を持っているとおっしゃっていましたね。ええと、お電話していますのは、93 アパートの所有者である Samad さんが、今日アパートを訪問した人がすぐに賃借契約に署名したがっていると話したからなのです。93 しかし、あなたのほうがより長い期間アパートを賃借する意向なので、彼女はあなたのほうが好ましいと言っています。このアパートを賃借したいかどうか、すぐにお知らせください。94 もし明朝10時までにご連絡を頂けない場合は、所有者はこの他の人にアパートを提供する予定です。個人的には、アパートはお買い得な物件だと思います。私

の電話番号は、555-9875 です。

92. メッセージは、何についてですか。

(A) 物件の賃貸契約
(B) 部屋の清掃
(C) 職の提供
(D) より良い供給業者を見つけること

93. なぜ、Samad さんは、Landgraf さんと契約をしたいのですか。

(A) 彼には関連した経験がある。
(B) 彼は街をよく知っている。
(C) 彼はより長い契約を考えている。
(D) 彼が彼女に連絡した最初の人であった。

94. 話し手によれば、Landgraf さんはいつまでに決心をしなければなりませんか。

(A) 今日の夕方
(B) 明日の朝
(C) 明日の晩
(D) 明後日

92. 正解 (A) ★★

2文目に This is Paula from Conrad Real Estate.「Conrad 不動産の Paula です」とあり、この後も紹介したアパートの話が続いているので、これを property lease「不動産の賃借契約」と言い換えた (A) が正解です。property「不動産」と lease「賃借契約」を知っていれば簡単な問題ですが、知らないと難問です。

93. 正解 (C) ★★

Mr. Landgraf はメッセージの聞き手、Ms. Samad は Landgraf が興味を示したアパートのオーナーです。中盤に、別の人がそのアパートの賃借をしたいとあり、But she (= Samad)

202

said she prefers you (= Landgraf)「でも彼女はあなたの方をより好んでいる」because you're planning to rent the place for a longer period「なぜならあなたの方がより長い期間借りようと考えているからだ」とあるので、この後半部分を considering a longer contract「より長い契約を考えている」と言い換えた (C) が正解。

agreement を仕事の契約と勘違いしてしまうと92は (C) A job offer「仕事のオファー」、93は (A) He has relevant experience.「関連した経験を持っている」を選びたくなってしまいます。

94. 正解 (B) ★★

後半部分に If I don't hear from you by tomorrow morning, the owner's going to offer it to this other person「明日の朝までに連絡がなかったら、オーナーは別の人にそれ (=アパート) を貸す」とあるので、借りるかどうかの決定をする期限は (B) Tomorrow morning までだとわかります。

語注

- real estate　不動産　類 property
- sign an agreement　契約する
- right away　すぐに
- personally　副 個人的に
- supplier　名 供給業者
- relevant　形 関連した
- be familiar with X　Xに精通している

203

Part 4 解答と解説

Questions 95 through 97 refer to the following excerpt from a meeting and chart.

🇨🇦 ◀ 57

And now for our last agenda item, the company cafeteria. ₉₅I'm happy to report that the renovation of the cafeteria will begin next month. Here are the results of the employee cafeteria satisfaction survey. These are the four categories which received an average score of three or less out of a maximum of five. First, since ₉₆a lot of employees wanted a faster wireless Internet connection there, we've decided to install a better router in the dining area. We'll also expand the room to accommodate more people and offer complete nutritional information for the dishes we serve. ₉₇Regarding the item that received the lowest satisfaction rating, that's what I'd like you to talk about now. Please talk in pairs or groups of three.

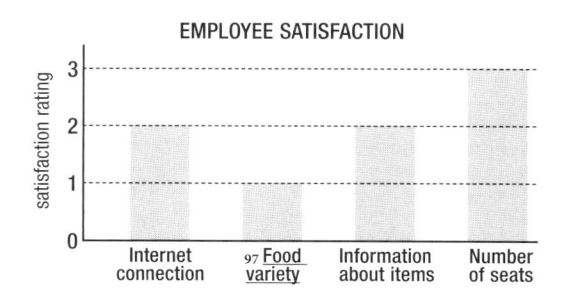

EMPLOYEE SATISFACTION

satisfaction rating

| Internet connection | ₉₇ Food variety | Information about items | Number of seats |

95. What type of project is the speaker discussing?

(A) Opening a restaurant
(B) Changing an Internet service provider
(C) Making improvements to a cafeteria

204

(D) Enhancing employees' health

96. According to the speaker, what is a problem with the current network connection?

(A) It is slow.
(B) It is expensive.
(C) The password is hard to remember.
(D) The signal is weak in certain areas.

97. Look at the graphic. What does the speaker ask the listeners to discuss?

(A) The Internet connection
(B) Food variety
(C) Information about items
(D) The number of seats

問題95～97は次の会議の一部と図表に関するものです。

さてそれでは、最後の議題である社員食堂についてです。₉₅喜ばしい報告ですが、カフェテリアの改装が来月に始まります。こちらは従業員用カフェテリアの満足度調査の結果です。5段階評価で、平均の3以下を得点したカテゴリーが4つあります。まず、₉₆多くの従業員がそこでより速い無線インターネット接続を望んでいるので、ダイニングエリアにより良いルーターを設置することに決めました。また、より多くの人数に対応できるように部屋を拡大し、出している料理の完全な栄養情報を提供します。₉₇最も低い満足度評価を受けた項目に関してですが、それを皆さんに今話しあっていただきたいのです。2人か3人ずつに分かれてお話しください。

Part 4 解答と解説

従業員満足度

（棒グラフ）
- インターネット接続: 2
- 97 食べ物の種類: 1
- 品目に関する情報: 2
- 席数: 3

縦軸：満足度（0〜3）

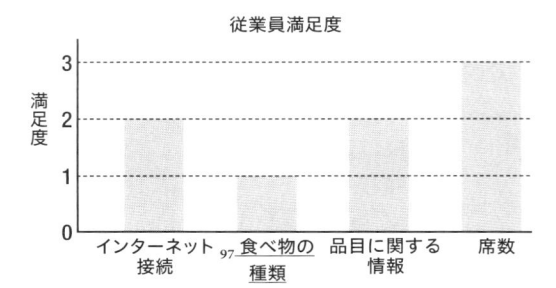

---

95. 話し手は、どんな種類のプロジェクトについて話していますか。

(A) レストランを開くこと
(B) インターネット・サービスのプロバイダーを変更すること
(C) カフェテリアを改善すること
(D) 従業員の健康状態を改善すること

96. 話し手によれば、現在のネットワーク接続に関する問題は何ですか。

(A) 遅い。
(B) 料金が高い。
(C) パスワードが覚えにくい。
(D) 特定の場所で電波が弱い。

97. 図を見てください。話し手は、聞き手に何について話し合うよう求めていますか。

(A) インターネット接続
(B) 食べ物の種類
(C) 品目に関する情報
(D) 席数

---

95. 正解 (C) ★

2文目に the renovation of the cafeteria will begin「カフェテリアの改装が始まる」とあり、その後にインターネットや栄養上に関する情報の提供など、どのように改善されるの

206

かについて話しています。よって、(C) Making improvements to a cafeteria「カフェテリアを改善すること」が正解です。食べ物や nutritional information「栄養に関する情報」についての言及があるので (A) や (D) はそこから連想されるひっかけ、またインターネットにも触れられているので (B) はそのことから連想されるひっかけです。

96. 正解 (A) ★★

中盤に a lot of employees wanted a faster wireless Internet connection「多くの社員がより速い無線インターネット接続を求めていた」とあるので、現在のインターネットが遅いとわかります。よって (A) It is slow. が正解です。signal「電波」がよくないとはどこにも述べられていないので (D) は正解になりません。

97. 正解 (B) ★★★

図の情報を使って正解を出す問題です。最後から2文目に Regarding the item that received the lowest satisfaction rating, that's what I'd like you to talk about now.「最も低い満足度評価を受けた項目に関してですが、それを皆さんに今話しあっていただきたい」とあるので、グラフの中で最も満足度の低い (B) Food variety についてこれから話してもらうよう頼んでいることがわかります。

語注

- agenda 名 議題
- router 名 (インターネットの) ルーター
- expand 動 〜を拡張する

Part 4 解答と解説

- **accommodate** 動 〜を収容する・〜に対応する
- **nutritional** 形 栄養の
- **dishes** 名 料理 類 cuisine
- **regarding X** Xに関して
- **rating** 名 評価
- **enhance** 動 〜を向上する・〜を改善する

Questions 98 through 100 refer to the following announcement and information.

Your attention please. ₉₈Mallard Airlines departing flight MA786 to Phoenix will now leave from Gate B12 instead of Gate B10. All Phoenix-bound passengers are requested to proceed at once to Gate B12 for an on-time departure. ₉₉Mallard Airlines flight MA788 bound for New York has been delayed due to an engine maintenance issue. A new departure time will be announced shortly. Flights MA787 bound for Shanghai and MA789 for Nagoya will still depart as scheduled. ₁₀₀If you don't know where your gate is located, check any of the flight information monitors located throughout the terminal.

FLIGHT INFORMATION

Flight No. / Destination	Departure Time
₉₈MA786 / Phoenix	11 A.M.
MA787 / Shanghai	12 P.M.
MA788 / New York	1 P.M.
MA789 / Nagoya	2 P.M.

98. Look at the graphic. What time will the plane departing from Gate B12 leave?

(A) 11 A.M.
(B) 12 P.M.
(C) 1 P.M.
(D) 2 P.M.

99. What caused an airplane to be delayed?

(A) Inclement weather
(B) Connecting flight issues
(C) Late baggage loading
(D) Mechanical trouble

100. According to the speaker, how can listeners get departure gate information?

(A) Ask a staff member in the terminal
(B) Call a special number
(C) Look at a display in the airport
(D) Proceed to their check-in counter

問題98〜100は次のお知らせと情報に関するものです。

皆様に申し上げます。98 Mallard 航空の出発便である Phoenix 行き MA786便は、B10番ゲートの代わりに B12番ゲートから出発となりました。時間通りに出発できるよう、Phoenix 行きの乗客の皆様は、すぐに B12番ゲートにお進みください。99 Mallard 航空 New York 行き MA788便は、エンジンのメンテナンスの問題のために遅れております。新しい出発時間は、まもなく発表されます。Shanghai 行き MA787便と Nagoya 行き MA789便は、今のところ予定通り出発の見込みです。100 ゲートの場所がわからない場合は、ターミナル中に設置してあるフライト情報画面のどれかでご確認ください。

Part 4 解答と解説

> フライト情報
> 便名/目的地............. 出発時間
> 98. MA786 / Phoenix 午前11時
> MA787 / Shanghai 午後12時
> MA788 / New York 午後1時
> MA789 / Nagoya.......... 午後2時

98. 図を見てください。B12番ゲートから出発する飛行機は、何時の出発ですか。
    (A) 午前11時
    (B) 午後12時
    (C) 午後1時
    (D) 午後2時

99. 飛行機が遅れた原因は何ですか。
    (A) 悪天候
    (B) 乗継便の問題
    (C) 荷物の積載の遅れ
    (D) 機械のトラブル

100. 話し手によれば、聞き手はどのようにして出発ゲートの情報が得られますか。
    (A) ターミナルにいる職員に尋ねる
    (B) 特別な番号に電話する
    (C) 空港にある画面を見る
    (D) チェックインカウンターに進む

98. 正解 (A)　★★★

図の情報をもとに答えを出す問題です。2文目にMA786 Phoenix 行きはB12から出発するとあります。次の文でもそのことが繰り返されています。フライト情報を見るとB12から出発するMA786は (A) 11 A.M. に出発するとわかります。

99. 正解 (D) ★★★

アナウンスの中盤に MA788 … has been delayed due to an engine maintenance issue「エンジンのメンテナンスの問題で遅れている」とあります。よって、これを Mechanical trouble「機械の問題」と言い換えた (D) が正解です。(A) 悪天候、(B) 乗継便の問題、(C) 荷物を積むことの遅れなども実際に起こる状況です。

> connecting flight「乗継便」の乗客を待つことはよくあります。ある国でアメリカからの到着便が遅れていてその乗客たちを待った時に、フライトアテンダントが、「check-in problem (チェックインの問題) があった乗客がいたので待ちました」と英語でアナウンスしたのに対し、アメリカ人たちが「自分たちのチェックインが遅れたんじゃない！飛行機が遅れたんだ！」と激怒したことがありました。

100. 正解 (C) ★

最後の文に If you don't know where your gate is located, check any of the flight information monitors located throughout the terminal「ゲートがどこにあるかわからない場合は、ターミナル中にあるフライト情報ディスプレイを見てください」とあるので、(C) Look at a display in the airport「空港にある画面を見る」が正解です。(D) はアナウンス中に出てくる proceed to「～に向かう」という表現を使ったひっかけです。

語注

- **X-bound** X行きの　関 bound for X
- **at once** すぐに
- **as scheduled** 予定通りに
- **connecting flight** 乗継便

Part 5 解答と解説

101. Both Ms. Roswell ------- her secretary have been out of the office for the past two days.

(A) and
(B) or
(C) nor
(D) but

Roswell さんも彼女の秘書もここ2日オフィスを離れている。

101. 正解 (A) ★

選択肢には等位接続詞が並んでいます。文頭に Both があることから、both A and B「A も B も」の (A) and が正解だとわかります。他の選択肢を使った either A or B「A か B か」、neither A nor B「A も B も～ない」、not only A but also B「A だけでなく B も」も確実に覚えておきましょう。

語注

- secretary 名 秘書
- for the past... ここ～

for the past/last ... days/months/years「ここ～日・～カ月・～年間」は現在完了形、現在完了進行形とよく使われます。また、for だけでなく over や during も出てきます。

102. Any ------- to this equipment by non-factory authorized personnel automatically voids the product warranty.

(A) modify
(B) modified

212

(C) modifying
(D) modification

工場から権限を与えられていない人員がこの機器への変更を加えた場合は、自動的に製品の保証は無効になります。

102. 正解 (D) ★

選択肢には modify の様々な語形が並んでいます。空欄の直前には Any という決定詞（冠詞や数量詞）が来ています。決定詞の後ろには名詞が入ります。選択肢の中で名詞は -ion で終わっている (D) modification「修正」です。(A) modify「～を修正する」は動詞、(B) modified はその過去形・過去分詞形、(C) modifying は -ing 形です。通常動名詞の前に決定詞は置きません。

🚇 語注

- authorize　動　～に許可を与える
- void　動　～を無効にする
- warranty　名　保証

103. Mr. Francis, the new marketing manager, worked hard to complete the project -------.

(A) he
(B) him
(C) his
(D) himself

新しい販売部長の Francis 氏は、プロジェクトを1人で終わらせようと懸命に働きました。

213

103. 正解 (D) ★

選択肢には代名詞の格の違ったものが並んでいるので格の問題だとわかります。空欄の前を見ると、文がすべて完結しているのでここに新たに (A) he (主格)、(B) him (目的格)、(C) his (所有格／所有代名詞) は置けません。よって選択肢の中で唯一副詞になれる、再帰代名詞 (D) himself「自分自身で」が正解です。

104. Busan Imports has many experienced staff members who can ------- handle any problems that arise.

(A) quick
(B) quickly
(C) quicken
(D) quicker

> Busan Imports 社には、生じたいかなる問題にも迅速に対処できる経験豊富な社員がたくさんいる。

104. 正解 (B) ★

選択肢を見ると quick の様々な語形が並んでいるので品詞の問題だとわかります。空欄の直前には助動詞 can、後ろには handle という動詞が来ているので、助動詞と動詞の間に入る副詞の (B) quickly「速く」が正解です。(A) quick「速い」は形容詞、(C) quicken「～を速める」は動詞、(D) quicker は形容詞の比較級です。

> 副詞を入れる問題で、〈S (助動詞) 副詞 V〉という形になっているものは何度も出題されています。

🚃 語注

- experienced　形 経験豊かな
- arise　動 生じる

105. At Transocean Shipping Lines, Inc., a ------- 10 percent of employees commute to work by bus.

(A) brief
(B) short
(C) just
(D) mere

Transocean Shipping Lines 社では、バスで通勤している社員はたったの10パーセントしかいない。

105. 正解 (D)　★★★

選択肢には形容詞が並んでいます。空欄の前には冠詞の a、後ろには 10 percent が来ています。この位置に置ける形容詞は (D) mere「ほんの〜」だけです。(A) brief「簡潔な・短い」、(B) short「短い・不足している」は 10 percent を修飾しませんし、(C) just は冠詞 a を除いて just 10 percent の形にならなければなりません。

🚃 語注

- commute to work　通勤する

106. The director of the hospital announced that a new north wing ------- in three months.

(A) will be built
(B) is building
(C) builds
(D) will be building

病院の理事長は、新しい北病棟が3カ月後に建てられることを発表した。

106. 正解 (A) ★

選択肢には動詞の動詞 build の様々な形が並んでいます。空欄の直前には north wing「北病棟」という建物が来ていることから、受動態の (A) will be built を入れて「建てられる」とすればよいとわかります。現在進行形の (B) is building、現在形の (C) builds、未来進行形の (D) will be building はすべて能動態です。

🚌 語注
- wing 名 棟

107. Nubian, Inc., researchers have ------- to find applications for their newly developed lightweight metal alloy.

(A) never
(B) still
(C) already
(D) yet

Nubian 社の研究員たちはまだ、新しく開発された軽い金属合金の使用方法をいまだに見つけられていない。

107. 正解 (D) ★★★

選択肢には副詞が並んでいます。空欄の前には have、後ろには to find という〈to + 動詞の原形〉があります。よって、ここに (D) yet を入れて have yet to do「まだ〜していない」という形を作ればいいとわかります。〈have not 過去分詞 yet〉「まだ〜していない」というのが有名ですが、have yet to do も出題されるので覚えておきましょう。(B) still「まだ」は still have not 過去分詞という語順で「まだ〜していない」という意味になります。(A) never は「一度も〜ない」、(C) already は「もう」という意味の副詞です。

🚌 語注
- lightweight 形 軽い
- metal alloy 金属合金

108. Items ordered via Belt Buyers' Web site are sent to its customers ------- three business days.

(A) into
(B) from
(C) within
(D) among

Belt Buyers のウェブサイトを通して注文された商品は3営業日以内に顧客に届く。

217

108. 正解 (C) ★★

選択肢には前置詞が並んでいます。空欄の後ろには three business days「3営業日」、前には are sent to its customers「顧客に送られる」とあるので、ここに (C) within「〜以内に」を入れれば「3営業日以内に送られる」となり文意に合います。時間で使う (A) into は、〈時間＋into＋名詞〉「〜の…後」という形をとり、three days into one's employment「雇われて3日して」のように使います。(B) from は「〜から」、(D) among「〜の間で」は among employees「社員の間で」のように使い、時間表現では使いません。

👨 within は前置詞問題超頻出です。

🚃 語注
- item 名 商品 類 product
- via X Xを通して 類 through X

109. Mr. Nelson's new marketing strategy proposed at yesterday's meeting appears to be an innovative way of ------- customers.

(A) attract
(B) attractive
(C) attracting
(D) attraction

昨日の会議で提案された Nelson 氏の新しい販売戦略は、顧客を引きつける革新的な方法のように思われる。

218

109. 正解 (C) ★★

選択肢には attract の様々な語形が並んでいます。空欄の後の customers という名詞があるので、名詞を修飾する形容詞の (B) attractive「魅力的な」が入りそうですが、a way of attractive customers「魅力的な客の方法」では意味が通りません。(C) attracting という動名詞を入れれば「客を引きつける方法」となり意味が通ります。空欄の前には前置詞の of があるので、動詞の (A) attract「〜を引きつける」は置けません。(D) attraction「引きつけるもの・アトラクション」は名詞です。

語注

- propose 動 〜を提案する 類 suggest
- innovative 形 革新的な

---

110. Zappit Power, Inc., extended its sincere ------- to its customers for the major blackout it caused in its service area.

(A) subscriptions
(B) performances
(C) apologies
(D) preparations

Zappit 電力社は、供給区域内で会社が起こした大規模な停電について顧客に心からの謝罪をした。

110. 正解 (C) ★★

選択肢には名詞の複数形が並んでいます。空欄の名詞を目的語にとっている動詞は extended です。extend と相性の

いい名詞は、extend an apology「謝罪する」という形をとることのできる (C) apologies です。他の選択肢は (A) subscription(s)「定期購読」、(B) performance(s)「業績」、(D) preparation(s)「準備」という意味です。extend は「〜を伸ばす」という意味が有名ですが、extend a welcome「歓迎する」、extend an invitation「招待する」といった使われ方もします。

語注

- extend　動 〜を与える　類 offer; present
　　　　　　〜を延ばす　類 prolong
- sincere　形 心からの
- blackout　名 停電　類 power outage

---

111. Pine Electronics' sales figures are expected to increase this quarter, ------- the popularity of its new Igza smartphone.

(A) so that
(B) because
(C) once
(D) given

新しい Igza スマートフォンの人気を考慮すると、Pine Electronics 社の売り上げはこの四半期上昇すると予想される。

111. 正解 (D)　★★★

選択肢には、接続詞、副詞、前置詞の働きをする語が並んでいます。空欄の後ろには the popularity「人気」という名詞が来ているので、この名詞を支えることのできる前置詞

が入ります。選択肢の中で前置詞の働きをするのは (D) given「〜を考慮すると・〜とすると」(= considering) だけです。(A) so that「〜するために」と (B) because「〜なので」は接続詞なので、後ろには〈主語＋動詞〉のかたまりが来なければなりません。(C) once は副詞で「一度」、接続詞で「〜するとすぐに」(= as soon as) という意味になります。

given には given (that) SV「S が V すると考えると」という接続詞もあります。

語注

- quarter 名 四半期 類 three months
- sales figure 売上高

112. ------- employee directories have been distributed to all personnel in the sales department.

(A) Update
(B) Updating
(C) Updated
(D) Updates

更新された社員名簿は営業部の全社員に配布された。

112. 正解 (C) ★★

選択肢には update の様々な形が並んでいます。空欄の後ろには employee directories「社員名簿」という名詞が来ています。この名詞のフレーズを適切に修飾できるのは形容詞の役割をする (C) Updated「更新された・最新の」です。(A) Update は「〜を更新する」という動詞か、「最新情報」

という名詞です。動名詞の (B) Updating も置けそうですが、動名詞を入れると、Updating employee directories 全体が主語となり単数扱いになります。しかし、この文の動詞は have なので、3人称単数形は置けません。(D) Updates は動詞の3人称単数現在形か名詞の複数形です。

語注

- **directories** 名 名簿・住所録
- **distribute A to B** AをBに配布する

113. Garcia Manufacturing, Inc., is anticipating ------- growth in sales over the next three months.

(A) advanced
(B) substantial
(C) considerate
(D) insightful

Garcia Manufacturing 社は、これから3カ月間かなり売り上げが伸びることを見込んでいる。

113. 正解 (B) ★★

選択肢には形容詞が並んでいます。空欄の後ろには growth 「成長」という名詞が来ています。この語と相性のいいのは (B) substantial「かなりの」です。(A) advanced は「進歩した・高度な」、(C) considerate は「思いやりのある」、(D) insightful「洞察力のある」という意味になります。

(C) は considerate ではなく considerable「かなりの」(= substantial; significant) であれば正解になります。また

222

insight into X「Xへの洞察」はよく出題されるのでinsightfulと共に覚えておきましょう。

🚌 語注

- anticipate　動　〜を予期する

114. The ------- completed fitness center on Jefferson Street will open to the public on May 7.

(A) recently
(B) currently
(C) usually
(D) shortly

Jefferson通りに最近完成したフィットネスセンターは5月7日に一般の人が利用できるようになる。

114. 正解 (A)　★★

選択肢には副詞が並んでいます。空欄の後ろにはcompleted「完成された」という語が来ているので、この語と相性のいい (A) recently「最近」が正解です。(B) currently「現在」は今まさに行われているものと相性がよく、すでに完了していることを表すcompletedとはふつう使いません。(C) usually は「たいてい」、(D) shortly は「すぐに」という意味。

shortly は「短く」ではなく「すぐに」という意味なので注意です。また after と相性がよく shortly / immediately / soon after X「X の後すぐに」はよく出てきます。

🚌 語注

- open to the public　一般公開する

115. Ascom, LLC, is a market research firm that ------- surveys to help retailers improve sales.

(A) questions
(B) concludes
(C) conducts
(D) inquires

Ascom 社は、小売業者が売上を伸ばすことができるように調査を行う市場調査会社です。

115. 正解 (C) ★★

選択肢には動詞の3人称単数現在形が並んでいます。空欄の後ろには surveys「(アンケート) 調査」という語が来ています。この語を目的語にとれるのは (C) conduct(s)「〜を行う」だけです。他の選択肢は (A) question(s)「〜に尋ねる」、(B) conclude(s)「〜を終える」、(D) inquire(s)「尋ねる」という意味です。inquire は inquire about X「X について尋ねる」という形を覚えておきましょう。

LLC は、Limited Liability Company「有限責任会社」の略です。他にも、会社を表す略語には、Inc. (incorporated)「株式会社」、Ltd. (limited)「有限会社」、Co. (company)「会社・企業」、などがあります。

🚌 語注
- **market research** 市場調査

116. ------- of Ms. Rodriguez's suggestions discussed at this week's staff meeting were adopted.

(A) Each
(B) Every
(C) Such
(D) All

今週のスタッフ会議で話し合われた Rodriguez さんの提案は全て採用された。

116. 正解 (D) ★★

選択肢には数量詞が並んでいます。空欄の後ろには動詞 were の前まで、前置詞句があるだけなので、空欄には主語が入ります。(B) Every「それぞれの」には形容詞の働きしかないので主語にはなれません。(C) Such「そのような～」は名詞の働きもありますが、後ろには〈of + 名詞〉の形はとりません。問題文の動詞は、were adopted なので空欄には複数の名詞が入ります。よって (D) All「全員、全部」が正解です。Several「数人、数個」や Many「多くの人 / もの」も〈All/Several/Many of the 複数名詞〉の形をとることができます。(A) Each は単数扱いなので were ではなく動詞は was になります。

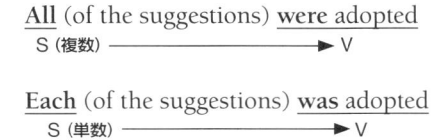

<u>All</u> (of the suggestions) <u>were</u> adopted
S (複数) ⟶ V

<u>Each</u> (of the suggestions) <u>was</u> adopted
S (単数) ⟶ V

🚃 語注

- suggestion 名 提案 類 proposal
- adopt 動 ～を採用する

225

Part 5 解答と解説

117. Mayor Ken Kim stressed that the city must address the ------- need to boost employment.

(A) finalized
(B) immediate
(C) insufficient
(D) various

Ken Kim市長は、雇用を増やすという差し迫った必要性に市は対応しなければならないと強調した。

117. 正解 (B) ★★★

選択肢には形容詞が並んでいます。空欄の後ろには need「要求・必要性」という名詞があります。この名詞と相性がいいのは immediate「即座の・差し迫った」です。(A) finalized は「完成した」という意味で tentative「仮の」と逆の意味を表します。(C) insufficient は「不十分な」という意味です。(D) various「様々な」は後ろに複数名詞のみをとります。

varied「様々な」は a varied approach「変化に富んだアプローチ」のように単数名詞を後ろにとることができます。

📖 語注

- **stress** 動 ～を強調する 類 emphasize
- **address** 動 ～に対応する 類 deal with
- **boost** 動 ～を高める

118. ------- reductions in the number of training sessions, the human resources department budget is still quite large.

(A) Although
(B) Whereas
(C) Provided that
(D) Despite

講習会の数を減らしたにもかかわらず、人事部の予算はまだ非常に多い。

118. 正解 (D) ★★

選択肢には接続詞と前置詞が並んでいます。空欄の後ろには reductions という名詞が来ています。よって、ここには後ろの名詞を支えることのできる前置詞の Despite「〜にもかかわらず・〜だが」が入ります (A) Although「〜にもかかわらず」と (B) Whereas「〜だが」と (C) Provided that「もし〜なら」は接続詞なので後ろには〈主語＋動詞〉が来ます。

assuming that SV、given that SV「もし S が V すると考えるならば」も provided that と一緒に覚えておきましょう。

語注

- reduction 名 削減・減少
- human resources department 人事部
  類 personnel department

119. Francisca Rodriguez, author of *Life Line* is a ------- regarded novelist in Mexico.

(A) nearly
(B) originally
(C) previously
(D) highly

Life Line の著者 Francisca Rodriguez はメキシコで高く評価されている小説家だ。

119. 正解 (D) ★★

選択肢には -ly で終わる副詞が並んでいます。空欄の後ろには regarded という regard「評価する」の過去分詞があります。この語と相性がいいのは (D) highly「高く」です。highly regarded で「高く評価された」という意味になります。(A) nearly は「ほとんど」(= almost)、(B) originally は「もともと」、(C) previously は「以前」という意味です。

他にも highly acclaimed「高く評価された」、highly respected「非常に尊敬された」、highly recommended「非常に勧められている」、highly suitable「非常にふさわしい」などが出題されています。

語注
- author 名 著者

120. LJH Consulting ------- its employees that spaces would be limited during the parking structure renovation.

(A) advised
(B) required

(C) ensured
(D) explained

> LJHコンサルティング社は、駐車場の改装中はスペースが限られることを社員に忠告した。

120. 正解 (A) ★★★

選択肢には動詞の -ed 形が並んでいます。空欄の後ろには its employees「社員」という人と that SV の that 節があります。〈人 + that 節〉の形がとれるのは advise だけです。(A) の advise は、〈advise 人 that SV〉「人に S が V だと助言する」だけでなく〈advise that SV (原形)〉「S が〜V するよう勧める」や、〈advise 人 to do〉「人に〜するよう強く勧める」の形すべて重要です。(B) の require は〈require that SV (原形)〉「S が V するよう求める」か、〈require 人 to do〉「人に〜するよう求める」の形をとります。意味だけで考えるとこれを選んでしまいます。(C) の ensure は〈ensure that SV〉「S が V するのを保証する」という形をとります。それに対し assure は〈assure 人 that SV〉「人に S が V するのを保証する」という形をとります。(D) の explain は〈explain that SV〉「S が V だと説明する」という形をとり、人をとる場合は〈explain to 人 that SV〉「人に S が V だと説明する」という形になります。

こういった動詞のとる形を覚えていかないと、英語を話したり書いたりはできません。TOEIC は話す力、書く力も測定している (ことになっている) 試験ですので、こういった動詞のとる形を問う問題はよく出題されます。

語注

- parking structure 駐車場
- limited 形 限られた

229

121. Employees need a special ------- in addition to a security badge to access the storage room.

(A) permits
(B) permission
(C) permitted
(D) permit

社員は、倉庫に入るにはセキュリティバッジに加えて、特別な許可証が必要になる。

121. 正解 (D)　★★★

選択肢には permit の様々な形が並んでいます。空欄の前には a という冠詞と special「特別な」という形容詞があるので、ここには単数形の名詞が入ります。よって、(D) permit「許可証」が正解です。permit には「~を許す」という動詞以外に「許可証」という可算名詞もあることを知っておきましょう。(B) permission「許可」は不可算名詞なので a をとりません。(A) permits は動詞の3人称単数形か、名詞の複数形、(C) permitted は動詞の -ed 形です。

最近は可算名詞 vs. 不可算名詞の問題がよく出題されます。

語注

- **in addition to X**　Xに加えて
- **security badge**　セキュリティーバッジ (社員証のようなもの)
- **storage room**　倉庫・貯蔵室

122. Pending ------- between the museum and the remodeling company have halted the Miami Museum refurbishment project.

(A) authenticity
(B) attention
(C) possibilities
(D) negotiations

博物館と改装業者の間の未決定の交渉のせいで、Miami Museum の改装プロジェクトは休止している。

122. 正解 (D) ★★★

選択肢には名詞が並んでいます。空欄の前には pending「未決定の」という形容詞、後ろには between A and B「A と B の間の」という前置詞句があります。よって、ここに negotiation「交渉」の複数形 (D) negotiations を入れれば pending negotiations between A and B「A と B との未決定の交渉」という、文法上も意味上も適切な形ができあがります。ヒントが後ろにもあったので pending という単語を知らなくても答えを出すことは可能な問題です。(A) authenticity は「本物であること」、(B) attention は「注意」という意味です。(C) possibilities は possibility「可能性」の複数形です。

語注

- **pending** 形 未決定の・未解決の・差し迫った
- **halt** 動 〜を停止する
- **refurbishment** 名 改装 類 remodeling; renovation

Part 5 解答と解説

123. The company picnic has been postponed
------ two weeks due to the forecasted
inclement weather.

(A) by
(B) until
(C) opposite
(D) above

悪天候が予報されているため、会社のピクニックは2週間延期になった。

123. 正解 (A) ★★★

選択肢には前置詞が並んでいます。空欄の後ろには two weeks、前には has been postponed「延期になった」という形があります。よって、ここに差を表す (A) by を入れれば「2週間差延期になった」⇒「2週間延期になった」となり意味が通ります。by の代わりに期間を表す for を使うことも可能です。もっと有名な形である postpone A until B は「AをBまで延期する」のBの位置には 10 o'clock「10時」、next Saturday「来週の土曜日」、October 10「10月10日」といった、「延期された後に開催される時間」が来ます。(C) opposite は前置詞で「〜の向かいに」(= across from) という意味になり Part 1 などでも出てきます。(D) above は「〜の上に」という意味になります。

語注

- **due to X**　Xが原因で　園 because of X
- **forecast**　動 〜を予報する
- **inclement weather**　悪天候

232

124. Customer service representatives are required to handle customer ------- in a cordial manner.

(A) complain
(B) complaints
(C) complaint
(D) complained

顧客サービス担当者は顧客の苦情に丁寧に対応することが求められている。

124. 正解 (B)　★★

選択肢には complain の様々な形が並んでいます。空欄の前には handle という動詞と、customer「顧客」という名詞があります。よって、ここに名詞の complaint「苦情」の複数形 (B) complaints を入れれば handle customer complaints「顧客の苦情に対処する」という形が出来上がり文意にも合います。complaint は可算名詞なので (C) complaint を置くためには a customer complaint のように冠詞が必要になります。(A) complain「不満を言う」は動詞で、(D) complained はその -ed 形です。

語注

- in a cordial manner　丁寧に

Part 5 解答と解説

125. Ms. Khan ------- new manager Kevin Moore to factory employees during the weekly meeting.

(A) welcomed
(B) greeted
(C) introduced
(D) awarded

週会の間に Khan さんは新しいマネージャー Kevin Moore を工場の職員たちに紹介した。

125. 正解 (C)　★★★

選択肢には動詞の -ed 形が並んでいます。空欄の後ろには new manager とその人の名前 Kevin Moore さらに to factory employees という形が続いています。よってここに introduce A to B「A を B に紹介する」の過去形 (C) introduced を入れれば「新しいマネージャーを工場の職員たちに紹介した」となり意味が通ります。(A) の welcome「〜を歓迎する」であれば welcome a manager to the factory「マネージャーを工場に歓迎した」のように to の後ろには歓迎する場所やグループが来ます。(B) の greet には「〜を歓迎する・〜に挨拶をする」という意味がありますが to factory employees の部分をとれません。(D) の award は award A (with) B か award B to A「A に B を与える」という形をとりますが、「マネージャーを職員に与える」では意味不明な文になってしまいます。

Kevin Moore という名前を manager の後ろに足して、答えに関係する to のかたまりが見えにくくなっているいやらしい問題です。

234

126. Experienced purchasing managers value quality of service ------- price when choosing a distributor.

(A) instead
(B) than
(C) upon
(D) over

経験豊かな購買部のマネージャーは、卸売業者を選ぶ際に値段よりもサービスの質に価値を置く。

126. 正解 (D) ★★★

選択肢には様々な品詞が並んでいます。空欄の前には value「〜に価値を置く」という動詞と quality of service「サービスの質」という名詞があります。さらに後ろには price「値段」があるのでここに「〜よりも・〜と比べて」の意味を表す (D) over を入れれば value A over B「B よりも A に価値を置く」という形ができあがり、「値段よりも質を重視する」という文意に合った形が出来上がります。choose A over B「B よりも A を選ぶ」といった形も有名です。(A) instead「代わりに」は副詞です。A instead of B「B の代わりに A」であれば正解になりえます。同じように (B) than も A rather than B「B ではなく A」の形であれば正解になりえます。(C) upon は on のフォーマルな形の前置詞で depend/rely upon X「X に頼る」などが出題されています。

🚆 語注

- **experienced** 形 経験豊かな
- **distributor** 名 卸売業者

235

Part 5 解答と解説

127. A job ------- at a major investment house such as Axion, Inc., typically attracts hundreds of qualified candidates.

(A) opens
(B) opening
(C) openings
(D) opener

Axion社のような大手の投資会社の求人はたいてい、数百人の適格な候補者を引きつける。

127. 正解 (B) ★★

選択肢には open の様々な形が並んでいます。空欄の前には A job という語があります。ここで、job が主語で空欄には動詞が入ると決めつけてはいけません。文にはすでに attracts「～を引きつける」という動詞があります。よって、ここに (B) opening「空き・就職口」を入れて A job opening「求人」という〈名詞＋名詞〉の形を作れば、「求人は数百人の候補者を引きつける」となり文法上も意味上も正しい文が完成します。冠詞の A があるので複数形の (C) openings はここに入りません。(D) opener も単数形の名詞ですが「開ける道具」という意味なので変です。(A) opens は動詞の open「～を開ける」の3人称単数形です。

open には「開いている」という意味の形容詞もあるのでちらも覚えておきましょう。

🚆 語注

- **investment house** 投資会社
- **typically** 副 一般的に・たいてい 類 normally
- **lease** 動 ～賃貸する・賃借する 類 rent
- **attract** 動 ～を引きつける 類 appeal to

- **qualified** 形 適任の・資格のある
- **candidate** 名 候補者 類 applicant

128. Harvest Market, Inc., is experimenting with a new ------- of discount that rewards repeat customers.

(A) part
(B) type
(C) effort
(D) way

Harvest Market 社はリピート客が恩恵を受ける新しい種類の割引を試みている。

128. 正解 (B) ★★★

選択肢には名詞が並んでいます。空欄の後ろには of という前置詞と discount「割引」という名詞があります。よって、(B) type「種類」を入れれば、a new type of discount「新しい種類の割引」となり文法上正しい形ができあがります。他の選択肢は (A) part「部分」、(C) effort「努力」、(D) way「方法」はどれも日本語では言えそうですが、of discount という形をとれません。こういった日本語訳に頼っても答えが出せない問題は難問です。

> 方法の意味の way は a way of doing / a way to do「～する方法」のように〈of ＋動名詞〉か to 不定詞をとります。

🚃 語注

- **experiment with X**　X を試みる
- **reward**　動 ～に見返りを与える
- **repeat customer**　リピート客

Part 5 解答と解説

129. Harbor Breeze Textiles, Inc., had problems with many of its early products, but the new management team is dedicated to ------- improving quality.

(A) consist
(B) consisted
(C) consistent
(D) consistently

Harbor Breeze Textiles 社は、当初、多くの製品に問題を抱えていたが、新しい経営陣が一貫して品質を改善することに専心している。

129. 正解 (D) ★★★

選択肢には consist の様々な形が並んでいます。空欄の前には be dedicated to X「X に専心する」が来ています。この to は前置詞で後ろに名詞や動名詞をとります。空欄の後ろの improving は後ろに quality「質」という名詞を後ろに取っているので動名詞だとわかります。動名詞を修飾するのは副詞なので正解は (D) consistently「一貫して」です。動名詞はかたまりの中で動詞、かたまり全体で名詞の役割をします。

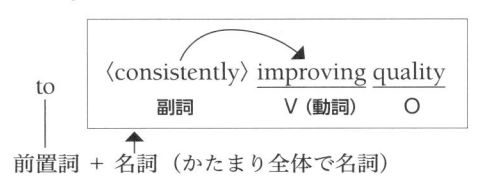

```
         ⟨consistently⟩ improving quality
to           副詞          V (動詞)      O
```
前置詞 + 名詞（かたまり全体で名詞）

(A) consist「成り立つ」は動詞、(B) consisted はその過去形・過去分詞形。(C) consistent「一貫した」は形容詞です。

238

consist of X「Xから成る・Xで構成される」も覚えておきましょう。

🚌 語注

- have a problem with X　Xに問題を感じる
- be dedicated to X　Xに専心する　類 be committed to X

130. Directors at UHT, Inc., are ------- aware of their responsibility both to protect the environment and to work efficiently.

(A) keenly
(B) structurally
(C) eagerly
(D) viably

UHT社の取締役は、環境を守りながら、効率よく働く責任があることを痛感している。

130. 正解 (A)　★★★

選択肢には副詞が並んでいます。空欄の後ろには aware「気が付いた」という形容詞があります。この語と相性がいいのは keenly「鋭く・激しく・熱心に」です。be keenly aware で「痛感している」という意味になります。keen は「熱望して」と訳されるので「熱望して気づく」と日本語で考えてしまうと答えが出ません。きちんと英語のフレーズを知っていたかがカギになります。(B) structurally は「構造上」、(C) eagerly は「熱心に」、(D) viably「実行可能で」という意味です。

eager「熱心な」は keen や avid「熱心な」の言い換えになれます。また、viable「実行可能な」と、この単語の言い換え

239

になれる feasible は難語ですが TOEIC 頻出です。

語注

- responsibility to do 〜する責任
- environment 名 環境
- efficiently 副 効率よく

Part 6 解答と解説

Questions 131–134 refer to the following article.

FRANKLIN, 5 MAY—The premiere of Eva Lee's documentary *A Woman In Medicine* was held last week at the Franklin City Theater. Many members of the press were in attendance to see the latest film by this ------- director.
　　　　　131.

Ms. Lee formerly worked at Nakano Medical Clinic in Chesterfield. *A Woman In Medicine* is based on ------- own experiences there, and critics are giving it
132.
high marks for its realism.

The film details the challenges of one woman doctor's career, such as the difficulty of being a mother -------
　　　　　　　　　　　　　　　　　　　　　　　　133.
handling a physician's responsibilities.

The movie opens in theaters in selected cities this month. ------- .
　　　　　134.

131. (A) amendable
(B) probable
(C) renowned
(D) impressed

132. (A) their
(B) its
(C) his
(D) her

241

Part 6 解答と解説

133. (A) during
(B) even
(C) while
(D) unless

134. (A) For example, she is planning to visit clinics across the country.
(B) However, it is slated to be shown in over 300 theaters by August.
(C) In addition, it is important for local residents to see the movie before then.
(D) Accordingly, it has a chance to win the best new director award this year.

問題131〜134は以下の記事に関するものです。

5月5日、Franklin——Eva Lee のドキュメンタリー映画 *A Woman In Medicine* のプレミア上映が先週フランクリン市営劇場で行われた。多くの報道陣がこの名高い監督の最新作を見るために出席していた。

Lee は以前、Chesterfield の Nakano Medical Clinic で働いていた。*A Woman In Medicine* は彼女のそこでの経験に基づいており、映画評論家たちは、実態を忠実に反映していることを高く評価している。

医者の責務をまっとうしながら母として生きることの苦労を本映画は詳細に描いている。

映画は今月、一部の都市で公開される。しかし、8月までには300以上の映画館での上映が予定されている。

131. 正解 (C) ★★

選択肢には形容詞が並んでいます。空欄の後ろには director「監督」という人が来ています。選択肢の中で人を適切に修飾できるのは (C) renowned「名高い」です。(A) amendable「修正可能な」、(B) probable「起こりそうな」は基本的に人を修飾しません。(D) impressed は人を修飾すると「感銘を受けた」という意味になってしまうので director が感動したことになってしまい文意に合いません。impressive「素晴らしい」であれば正解になりえます。

132. 正解 (D) ★★

選択肢には代名詞の所有格が並んでいます。文法上はどれも入れるので、文脈で解く必要があります。*A Woman In Medicine* という映画を作ったのは空欄のある文の前文から Ms. Lee だとわかります。Ms. は女性につけるものですから、空欄には女性を表す (D) her「彼女の」が入ります。

133. 正解 (C) ★★

空欄には、前置詞、副詞、接続詞が並んでいます。空欄の後ろには handling ... responsibilities という動詞の -ing 形のかたまりがあります。この形を後ろにとることができるのは、接続詞の (C) while「〜の間」だけです。while doing で「〜しながら」という意味になります。while は接続詞ですが SV だけでなく、-ing のかたまりもとれることを覚えておきましょう。また、通常前置詞は後ろに動名詞 doing のかたまりをとることが可能ですが、前置詞 (A) during「〜の間」は後ろに -ing 形をとれないので要注意です。(B) even

243

Part 6 解答と解説

「〜さえ」は副詞です。(D) unless「〜しない限りは」は接続詞で後ろに SV をとります。

134. 正解 (B) ★★★

選択肢には文が並んでいます。空欄の前の文には The movie opens in theaters in selected cities this month「今月(=5月)は一部の都市で公開される」とあります。よって、ここに (B) However, it is slated to be shown in over 300 theaters by August「しかし、それ(=映画)は8月までには300以上の劇場で公開される予定だ」とすれば文脈に合います。代名詞 it の指しているものをきちんと理解し、However「しかし」をヒントにし、selected cities と over 300 theaters が逆説関係になっていることがわかれば答えられる問題です。ただ be slated to do「〜する予定である」を知っておかないと難しい問題です。(A) には for example「例えば」、(C) には also「〜もまた」、(D) には accordingly「それゆえに」という前文との論理関係を表す副詞があるので、正解は選びやすいです。(C) はその時(=5月)より前に行くのも重要とあるが、公開前に映画を見ることになってしまいますし、「その他に」重要なことが前に出てきていないので不可です。また、公開される都市が限られているから監督賞を受賞する、というのは論理的におかしいので (D) も正解にはなりません。

(A) 例えば、彼女は多くの全国の病院を訪問する予定である。
(B) しかし、8月までには300以上の映画館での上映が予定されている。
(C) さらに、その時よりも前にこの映画を見ることは地元の人にとっては重要だ。
(D) ゆえに、今年最優秀監督賞を受賞する可能性がある。

語注

- (movie) premiere （映画の）初公開
- medicine 名 医業・薬・医学
- members of the press 報道関係者
  類 reporters; journalists
- be in attendance 出席する 類 be present
- (movie) director （映画）監督
- formerly 副 かつて 類 previously
- critic 名 批評家
- high mark 高い評価
- detail 動 〜を詳細に描く
- physician 名 医者 類 doctor
- responsibility 名 職務 類 duty
- be slated to do 〜すると予定されている
  類 be scheduled to do

Questions 135–138 refer to the following notice.

Meet the newest members of the BG Consulting Team! This year we are very ------- to be welcoming three new consultants to Bangalore Genius Consulting.
135.

Rakesh Gupta, Swati Kumar and Narayan Agarwal were selected from over 500 ------- for entry positions at our prestigious firm.
136.

An informal ------- will be held this Friday afternoon in the company cafeteria to give you all a chance to meet and greet these three newest members of our team. -------. Details for that will be sent to you by e-mail.
137.
138.

135. (A) please
(B) pleased
(C) pleasing
(D) pleasant

136. (A) visitors
(B) interviewers
(C) applicants
(D) locations

137. (A) reception
(B) receive
(C) receipt
(D) receivable

138. (A) Additionally, we are organizing a dinner for those who wish to participate.
(B) Therefore, we need to book the restaurant right away.
(C) Otherwise, we will meet each other on the afternoon of that day.
(D) Dress code for the occasion is casual, instead.

問題135~138は以下の連絡に関するものです。

BG コンサルティングチームの新メンバーに会おう！
今年は、3人の新しいコンサルタントを Bangalore Genius Consulting に喜んで迎え入れたいと思います。

Rakesh Gupta、Swati Kumar と Narayan Agarwal は、一流企業である我が社に応募してきた500人の中から選ばれました。

我々のチームに加わる3人の新メンバーに会ってあいさつをする機会を皆に持ってもらうために、カジュアルな歓迎会が今週の金曜日の午後に社員食堂で行われます。さらに、参加希望の方には、夕食会も計画しています。その詳細は E メールで送られます。

135. 正解 (B) ★

選択肢には please の様々な語形が並んでいます。空欄の前には we are very 後ろには to do という形があるので、(B) pleased を入れて be pleased to do「喜んで~する」というフレーズを作ればよいとわかります。(A) please は命令文と共に使う「どうぞ」という意味の副詞か、「~を喜ばせる」という動詞です。(C) pleasing はその -ing 形、(D) pleasant は「心地よい」という形容詞です。

136. 正解 (C) ★★

選択肢には名詞の複数形が並んでいます。空欄の後ろには for ... positions「職」があるので、(B) interviewers「面接官」か (C) applicants「応募者」に絞られます。文の主語には3人の名前が挙っていて、この3人は newest members, three new consultants と表されている新しい社員のことなので、面接官ではなく applicants「応募者」が正解。500人面接官がいるのはおかしいと考えて interviewers を排除することもできます。(A) visitor(s) は「訪問者」、(D) location(s) は「場所・店舗」という意味です。

137. 正解 (A) ★★

選択肢には様々な品詞が並んでいます。空欄の前には An という冠詞と informal という形容詞があるので、ここにはこの形容詞に修飾される名詞が入るとわかります。名詞は (A) reception「歓迎会・受け取り」か (C) receipt「領収書・受け取ること」です。空欄の後ろには will be held「開かれる」とあるので (A) reception「歓迎会」がふさわしいとわかります。(B) receive「〜を受け取る」は動詞、(D) receivable「受け取れる・受信できる」は形容詞です。

138. 正解 (A) ★★

選択肢には文が並んでいます。空欄のある文の前文には、金曜日の午後に社員食堂で歓迎会が開かれるとあります。よって、ここに (A) Additionally, we are organizing a dinner for those who wish to participate「さらに参加希望の方には夕食会も計画している」を入れれば、「歓迎会、さらに夕食会を開く」となり情報追加の役割をする additionally

がきちんと機能して文意に合います。歓迎会は社員食堂で開かれるのでレストランの予約が必要と述べている (B) はおかしいです。歓迎会は午後に開かれるので (C) は Otherwise「そうでなければ」の部分が合いません。(D) は前文に informal「カジュアルな」があり、よさそうですが、instead「代わりに」がなんの代わりなのかがわからないのでここには置けません。

(A) さらに、参加希望の方には夕食会を計画しています。
(B) それゆえに、すぐにレストランを予約する必要があります。
(C) そうでなければ、私たちはその日の午後に会います。
(D) この行事では、服装規定はその代わりカジュアルなものです。

🚆 語注

- be pleased to do　喜んで〜する
  類 be delighted to do; be happy to do
- applicant　名 応募者　類 candidate
- prestigious　形 高名な　類 renowned
- informal　形 形式ばらない　類 casual
- hold a reception　歓迎会を催す
- cafeteria　名 食堂
- greet　動 〜に挨拶する
- organize　動 〜を計画する
- participate　動 参加する
- otherwise　副 さもなければ・そのほかの点では
- occasion　名 行事・場合

Questions 139–142 refer to the following memo.

To: All Warehouse Personnel
From: George Armas, Director of Operations
Date: June 29
Re: Annual Warehouse Closing

As you are aware, every summer we close our main warehouse on Dixon Boulevard for annual maintenance and to make room for our fall merchandise. -------. It is expected to last two weeks.
139.

During this period, any remaining summer merchandise will be moved from the Dixon Boulevard ------- to our location on Third Street. As soon as the
140.
work is -------, the Dixon Boulevard warehouse will
141.
resume operations as usual.

This year the project leader for the move is Denise Mooling, ------- was promoted to logistics manager
142.
in May.

Thank you all for your cooperation during this period.

139. (A) I think this is the best season.
(B) This routine work will start on July 4.
(C) Please follow the following directions.
(D) We are sure it was not expensive.

140. (A) floor
(B) mall
(C) facility
(D) office

141. (A) complete
(B) completion
(C) completely
(D) completing

142. (A) which
(B) who
(C) whose
(D) what

問題139〜142は以下のメモに関するものです。

宛先： 倉庫関係社員各位
差出人：業務部長 George Armas
日付： 6月29日
件名： 年に1度の倉庫閉鎖

ご存じの通り、年に1度の整備のためと秋物の商品の場所を確保するために、毎年夏に Dixon 通りのメイン倉庫が閉鎖されます。この定型業務は7月4日に始まり2週間続くことが予想されます。

この期間中に、残っている夏物の商品はすべて、Dixon 通りの施設から我々の3番通りの倉庫に移動されます。作業が終わり次第、Dixon 通りの倉庫は通常通り業務を再開します。

251

今年の引っ越しのプロジェクトリーダーは、5月に物流管理長に昇進した Denise Mooling です。

期間中のご協力よろしくお願いします。

139. 正解 (B) ★★★

選択肢には文が並んでいます。空欄のある文の後ろには It is expected to last two weeks「それは2週間続くと考えられる」とあります。よって、(B) This routine work will start on July 4「このいつもの仕事は7月4日に始まります」を入れれば、次の文の it が This routine work を指し、start し、last「続く」という時系列もぴったりです。前文の every summer「毎年夏」や件名の Annual「年に1度の」という語句も routine とつながるヒントになります。(A) を入れてしまうと次の文の it が this と the ... season が指す「夏」を表し、夏が2週間続くという文になってしまいます。(C) には it の指せる単数形の名詞がありません。(D) には it がありますが、時制が過去形なのでつながりません。

(A) これが最もいい季節だと思います。
(B) このいつもの仕事は7月4日に始まります。
(C) 以下の指示に従ってください。
(D) それは高くなかったと確信しています。

140. 正解 (C) ★★★

選択肢には名詞が並んでいます。空欄のある文の文意をとると Dixon Boulevard の〜から私たちの場所に商品が移動されるとあります。この文だけでは (B) mall「モール」、(C) facility「施設」、(D) office「オフィス」のどれが正解か判断

252

できません。最初の段落を見るとwe close our main warehouse on Dixon Boulevardとあることからwarehouse「倉庫」から夏物の商品を移動することがわかります。よって、このwarehouseをfacilityと言い換えた(C)が正解です。次の文にあるthe Dixon Boulevard warehouseもヒントになります。(A) floorは「フロア・階」という意味です。

141. 正解 (A) ★

選択肢には様々な品詞が並んでいます。空欄の前にはthe work isという主語とbe動詞があるので、この動詞の補語になれる形容詞の(A) complete「完了した」が正解です。(B) completion「完成」も名詞なのでbe動詞の後ろに置くことができますが、「引っ越しという仕事」=「完成すること」というイコール関係は成立しないので不可です。(C) completelyは副詞で「完全に」という意味になります。(D) completingは動詞「〜を完了する」の-ing形です。

142. 正解 (B) ★

選択肢には関係代名詞が並んでいます。空欄の前にはDenise Moolingというプロジェクトのリーダーである人が来ていますし、空欄の後ろにはwas promoted「昇進した」とあるので、人を指す(B) whoが正解です。(A) which、(D) whatは人を表しません。また関係代名詞(C) whoseの後ろには名詞が来なければならないので、これも不正解です。

🚃 語注

- warehouse 名 倉庫
- personnel 名 人員 類 employees
- annual 形 年に一度の 類 yearly

253

- maintenance 名（定期的な）管理・維持・修理
- routine 形 決まりきった 類 regular; standard
- be expected to do ～すると予測されている
- remaining 形 残りの
- merchandise 名 商品
- resume～ 動 ～を再開する 類 restart
- promote～ 動 ～を昇進させる
- cooperation 名 協力 類 assistance

◀ 63

Questions 143–146 refer to the following e-mail.

To: avanda@sdlibrary.gov.uk
From: tderrick@sdlibrary.gov.uk
Date: 10 April
Re: Questionnaire

Hi Anna,

Our library ------- money so that we can add more selections to our collection.
143.

As you know, the amount of money collected exceeded our expectations. Now there is more than £4,000 which can be ------- to things other than new books.
144.

I would like you to conduct a survey of library patrons regarding how the money should be used to improve our library. This information will be important at our next budget -------, which is scheduled to be held in three weeks. -------. Please let me know if you have any questions.
145. **146.**

Regards,

Derrick Tran

Part 6 解答と解説

143. (A) raises
(B) is raising
(C) has raised
(D) will have raised

144. (A) saved
(B) allocated
(C) preserved
(D) imposed

145. (A) proposal
(B) change
(C) draft
(D) meeting

146. (A) In short, we should ask library users for more help.
(B) Unfortunately, the deadline has already passed.
(C) Therefore, the survey results should be ready by then.
(D) The library will close temporarily while the work is done.

問題143〜146は以下のEメールに関するものです。

宛先： avanda@sdlibrary.gov.uk
差出人：tderrick@sdlibrary.gov.uk
日付： 4月10日
用件： アンケート

Anna へ

我々の図書館は、より多くの選択を蔵書に加えられるように、資金を募りました。

256

ご存じの通り、集まった金額は、我々の予想を上回りました。なので、4,000ポンドあまりを新しい書籍以外に割り当てることができます。

図書館をより良くするためにこの資金をどのように用いるべきかについて、図書館の利用者にアンケートを実施してください。この情報は、3週間後に開催される予定の次の予算会議で重要なものになると思っています。したがって、アンケート結果は、その時までに用意できていなければなりません。何か質問があれば、お知らせください。

敬具

Derrick Tran

143. 正解 (C) ★★★

選択肢には、動詞 raise の様々な時制が並んでいます。後ろには money という目的語があるのでこの raise は「〜を集める・募る」という意味の動詞です。空欄のある文だけでは、これからお金を集めるのか、もうすでに集めたのかは、判断できません。よってこれは文脈を使って解く文脈時制問題です。次の文を見ると the amount of money collected exceeded our expectations「集めたお金の額は私たちの期待を越えた」とあるので、すでにお金は集められたのだとわかります。よって、(C) の現在完了形 has raised を入れて「集めた」が正解です。(A) は3人称単数の現在形、(B) は現在進行形、(D) は未来完了形です。

文脈を使って解く時制問題は難しいことが多いです。きちんと、すでに行われたことなのか、これから行われることなのかを文脈から判断しましょう。

144. 正解 (B) ★★★

選択肢には動詞の -ed 形が並んでいます。空欄の前の関係代名詞の which は £4,000「4千ポンド」を指しています。後ろには to があるので、ここに、allocate「〜を割り当てる」の過去分詞形 (B) allocated を入れれば be allocated to X「Xに割り当てられる」という形が出来上がり、「本以外に割り当てられる4千ポンド以上のお金がある」となり文意にも合います。(A) の save「〜を取っておく」は be saved for X「Xのために取っておかれる」といった形で使われます。(C) の preserve は「〜を保存する・保護する」という意味。(D) の impose「〜を課す」は impose A on B「AをBに課す」という形を覚えておきましょう。

145. 正解 (D) ★★

選択肢には名詞が並んでいます。空欄の前には budget「予算」という名詞がありますが、(A) 提案、(B) 変更、(C) 草稿、(D) 会議はそれぞれ、budget とともに使い budget proposal「予算(の提)案」、budget change「予算変更」、budget draft「予算案」、budget meeting「予算会議」という意味になります。よって、ひとつに絞るには文脈が必要です。空欄の後ろを見ると which is scheduled to be held「開かれる予定だ」とあるので、which が指すのは budget meeting「予算会議」だとわかります。

146. 正解 (C) ★★★

選択肢には文が並んでいます。3文前には would like you to conduct a surrey「アンケートを実施してほしい」とあり、前文には it (= 予算会議) が in three weeks「3週間後に」

開かれるとあります。よって、ここに (C) Therefore, the survey results should be ready by then を入れれば「したがって（会議が3週間後にあるので）、アンケートの結果をその時（= 3週間後）までに用意しておくべきだ」となり文意に合います。(A) は In short「つまり」の前後にイコール関係になる内容が必要になるので不可です。(B) は締め切りが過ぎているのにアンケートの依頼をするのはおかしいので不正解です。(D) もまったく文意に合いません。

(A) つまり、図書館の利用者により多くの援助を求めなければなりません。
(B) 残念ながら、期限はすでに過ぎました。
(C) したがって、アンケート結果は、その時までに用意できていなければなりません。
(D) 図書館は作業が行われている間一時的に閉館します。

🚆 語注
- **add A to B**　AをBに加える
- **exceed expectations**　期待を越える
  類 go beyond expectations
- **conduct a questionnaire**　アンケートを行う
  類 conduct a survey
- **library patron**　図書館の利用者
- **regarding X**　Xに関して　類 concerning X
- **improve**　動 〜を改善する・〜をよりよくする
- **in short**　つまり
- **strictly speaking**　厳密に言うと

Part 7 解答と解説

問題147〜148は以下の広告に関するものです。

ゲームは終わっていない
サマーセール！

夏がやってきました。 147.年に一度の在庫一掃セールのときです。

新品と比べたら格安の値段で中古のゲームを手に入れよう！

ゲームを2つ買った方は3つ目を無料で手に入れよう！

この広告をお見せいただいたら10%高く買い取りいたします。

楽しいゲームの時間をお過ごしください！

営業時間：
148.月曜日、火曜日、木曜日、金曜日：午前10時から午後9時
　　土曜日と日曜日：午前11時から午後7時

147. 何が広告されていますか。
- (A) 年に一度の特売
- (B) 中古車
- (C) 文房具
- (D) スポーツイベント

148. 店は何曜日が定休日ですか。
- (A) 火曜日
- (B) 水曜日
- (C) 木曜日
- (D) 日曜日

147. 正解 (A) ★

冒頭の文に it's time for our once-a-year clearance sale「年に一度の在庫一掃セールの時です」とあるので、(A) An annual sale が正解です。

260

> annual、once a year、yearly はそれぞれよく言い換えで出てきます。

148. 正解 (B) ★

営業時間の部分を見ると Wednesday「水曜日」がありません。よって (B) が正解です。

> 営業時間の記述から定休日を答える問題は実際の TOEIC でも出題されたことがあります。

🚌 語注 ───────────────

- **once-a-year** 年に一度の　類 annual
- **clearance sale** 在庫一掃セール
- **previously-owned** 中古の　類 used

Part 7 解答と解説

問題149〜150はテキストメッセージのやりとりに関するものです。

Susanna Wilken 3月5日、午前11時23分
やあ、James。お願いがあるんですが。

James Peremansy 3月5日、午前11時24分
いいですよ。何ですか。

Susanna Wilken 3月5日、午前11時25分
PortlandのLamphier Solutions社に電話して、私が遅れると伝えてくれませんか。[149]飛行機が遅れたんです。私は時間通りに到着すると思っていたんですが、もう無理だと思います。

James Peremansy 3月5日、午前11時26分
了解です。何時に彼らのオフィスに到着すると思いますか。

Susanna Wilken 3月5日、午前11時27分
おそらく午後4時頃ですね。もう行かなくちゃ。[149]搭乗手続きが始まりました。

James Peremansy 3月5日、午前11時28分
わかりました。[150]後は私に任せてください。どうぞ安全な旅を。

Susanna Wilken 3月5日、午前11時29分
ありがとう。

149. Wilkenさんは、おそらくどこにいますか。
    (A) ホテル
    (B) 空港
    (C) オフィス
    (D) タクシーの車内

150. 午前11時28分に、Peremansyさんが書いている"Leave it to me"は何を意味していますか。
    (A) 彼はいくつかの数字を確認するために電話をかける必要がある。

262

(B) 彼は Wilken さんに頼まれたことをするつもりだ。
(C) 彼はすぐに別の飛行機の便を予約するつもりだ。
(D) 彼は帰宅したら彼女を助けるつもりだ。

149. 正解 (B) ★★

Susanna の 11:25 A.M. の発言に My flight has been delayed「私の飛行機が遅れている」という表現があります。これだけでは、彼女がどこにいるか特定できません。11:27 A.M. の They're boarding「(自分の乗る飛行機に乗る人たちが) 搭乗している」⇒「搭乗手続きが始まった」から、彼女が空港にいることがわかります。よって、(B) At an airport が正解です。

150. 正解 (B) ★★

メッセージを書いた人の意図を読み取る問題です。Leave it to me「私に (それを) 任せてくれ」と述べているので、何を任せるのかを文脈から読み取ります。Susanna は 11:25 A.M. の発言で、Lamphier Solutions に彼女が遅れることを伝えてほしいとあるので、「任せてくれ」とはこの頼まれたことをするということです。よって、(B) He will do what Ms. Wilken has asked him to do.「彼は Wilken さんが彼に頼んだことをするつもりだ」が正解です。彼は Lamphier Solutions に電話をかけますが check some numbers「数字を確認するため」にかけるわけではないので (A) は不可です。別のフライトに変更することも示唆されていませんので (C) も不可、(D) も when he gets home「家に帰ってから」という部分がおかしいので不可です。

263

Part 7 解答と解説

> イディオムを知っていれば簡単にとけますが、知らなくても代名詞や文脈をヒントに正解できる問題です。

🚌 語注

- board　動 搭乗する　類 get on
- ask X to do　Xに〜するよう頼む
- intend to do　〜するつもりである

問題151～152は以下の手紙に関するものです。

9月30日
Midtown Community Hospital
101 Spruce Street
Edinburgh, EH1 1HS

ご担当者様

₁₅₁Midtown Community Hospital の子ども用病棟への贈り物を同封していますのでご確認ください。このような重要な活動と我々の素晴らしい町に欠かせない機関に手を貸すことができることを誇りに思っています。_{151·152} また、個人的な知り合いと同僚に連絡をとってそちらへの出資を求めたいと思っています。このことが広告に述べられていた募金の目標額に達する助けとなることを望んでいます。私たちが協力すれば素晴らしい結果が出るはずです。我々のコミュニティーの大切な子どもたちを助けるために多大な努力をなされていることに感謝します。

敬具

Cynthia Hutchins
Hutchins Designs オーナー

151. 手紙にはおそらく何が同封されていましたか。

(A) 医者の処方せん
(B) 子どものおもちゃ
(C) 寄付金
(D) 商品券

152. Hutchins さんは何をする予定ですか。

(A) 仕事仲間に連絡する
(B) 地元の病院でボランティアをする
(C) さらに医師の忠告を求める
(D) 彼女の子どもたちを地域活動に参加させる

151. 正解 (C) ★★★

設問の accompanied the letter「手紙に伴っていた」というのは「手紙に同封されていた」という意味です。手紙の冒頭にある Enclosed please find「〜が同封されている」というセットフレーズがあります。この部分から同封されているものは gift「贈り物」だとわかります。さらに7行目には financial contribution「財政的寄付」、9行目には fundraising goals「募金の目標額」とあることから gift はお金のことを指しているとわかります。よって正解は (C) 寄付金です。financial contribution が monetary donation と言い換えられています。

> 文章内の複数箇所を照らし合わさなければならないので、なかなか難しい問題です。

152. 正解 (A) ★★★

5行目から始まる文に I also intend to get in touch with ... business colleagues とあるので同僚に連絡をとることがわかります。よって (A) Contact her business associates が正解。

> 設問の plan to は本文の intend to の言い換え、contact は get in touch with の言い換え、associates は colleagues の言い換えです。associate に「同僚」の意味があることは必ず覚えておきましょう。

🚌 語注

- **enclosed please find** 〜が同封されている
- **enclose** 動 〜を同封する・〜を囲む
- **wing** 名 (建物の) 棟
- **community** 名 地域社会

- be proud to do ～することを誇らしく思う
- lend a hand 手を貸す・力を貸す
- essential 形 不可欠な 類 vital
- institution 名 機関・施設
  類 establishment; organization
- intend to do ～するつもりである
- get in touch with X Xに連絡を取る 類 contact X
- acquaintance 名 知人
- colleague 名 同僚・同業者 類 associate; coworker
- join X in doing Xが～するのに加わる
- financial 形 金銭的な
- contribution 名 寄付 類 donation
- meet a goal 目標を達成する 類 achieve a goal
- fundraising 名 資金集め
- make a difference 違いを生む・良くする
- tremendous 形 素晴らしい 類 fantastic; great
  ものすごい 類 vast
- precious 形 貴重な 類 valuable

Part 7 解答と解説

問題153〜154は以下の搭乗券に関する問題です。

搭乗券
Pablo 航空

乗客：Gabriela Chaves 様
便名：PAD567　　　クラス：ビジネス　　　席：2C
154(A) マイレージ会員番号：7589790

出発地：Iowa City　　　153 目的地：São Paulo
154(D) 経由地：2ヵ所（Dallas、Panama City）乗り継ぎゲートは、飛行中にアナウンスされます。

搭乗時間：金曜日、1月5日、午前8時30分
到着時間：金曜日、1月5日、午後11時40分

出発ゲート：E38

154(B) 機内食：あり（昼食と夕食）

機内エンターテイメント・パッケージ：あり

154(C) Wi-Fi サービス：あり

153. Chaves さんの最終目的地はどこですか。
    (A) Panama City
    (B) Iowa City
    (C) Dallas
    (D) São Paulo

154. 搭乗券に Chaves さんについて示されていないのはどれですか。
    (A) 彼女は Pablo 航空のマイレージプログラムのメンバーである。
    (B) 彼女は旅行中に食事を3回出される予定だ。
    (C) 彼女は飛行中にインターネットを利用できる。
    (D) 彼女は飛行機を2回以上乗り換える予定だ。

268

153. 正解 (D)　★

搭乗券の3段落目の右側に Travel to: São Paulo とあるので、(D) São Paulo が最終目的地だとわかります。(B) は出発地、(A) と (C) は4段落目にある経由地です。

154. 正解 (B)　★★

2段落目の左に Frequent Flyer Number「マイレージ会員番号」があるので、これが (A) に当たります。一番下のWi-Fi Service が Yes になっているので、インターネットが使えることがわかります。よって、これが (C) に該当します。また、3段落目には Connecting gates「乗継便のゲート」が複数形であることから、Dallas と Panama City の2回乗り継ぎがあるとわかります。よって、(D) がこれに該当します。more than once は「1回よりも多く＝2回以上」という意味です。最後の段の1番上の Meals served のところは lunch and dinner の2回になっているので、3回とした (B) はこれに矛盾します。よって、(B) が正解です。

NOT 問題は3つ合っているものを見つける消去法を使わなければ解けない問題だけでなく、矛盾していることに気づけば即答できる問題もあります。

問題155〜157は以下のEメールに関するものです。

宛先：telric@grandmail.co.nz
差出人：dbrakit@mlslife.co.nz
件名：保険の更新時期です
日付：3月10日

Elricさま

MLS Lifeをいつもご利用いただきありがとうございます。弊社の記録によりますと、155 お客様の住宅保険契約は3月31日で満期となります。

156 保険を更新なさりたい場合は、すぐにお知らせください。お客様は、155 去年保険の申し立てをなさらなかったので、満期日よりも前に更新いただきますと、弊社が再度契約を行っていただいたお客様に提供している10％の割引を受けることができます。157 ですから、できる限り早く決断なさることをお勧めします。

何かご質問や気になる点がございましたら、お気軽に代理店の私宛333-555-9841までご連絡ください。

今後もお客様のお役に立てることを楽しみにしております。

敬具

Don Brakit
MLS Life 代理人

155. Elricさんについて何が言えますか。
    (A) 現在の契約は3月10日まで続く。
    (B) 顧客サービスセンターにいつでも連絡ができる。
    (C) MLS Lifeに去年補償してもらった。
    (D) 4月より前に契約を更新すれば割引を受けられる。

156. 第2段落1行目の "coverage" と最も意味が近いのは

(A) report 報告
(B) broadcast 報道
(C) insurance 保険
(D) range 範囲

157. [1]、[2]、[3]、[4] と記載された箇所のうち、次の文が入るのに最もふさわしいものはどれですか。

「ですから、できる限り早く決断なさることをお勧めします」

(A) [1]
(B) [2]
(C) [3]
(D) [4]

155. 正解 (D) ★★★

第2段落の2文目に you will receive the 10% discount... if you renew before the expiration date「期限が切れる日（保険の満期日）の前に更新すれば、10% の割引を受ける」とあります。この the expiration date は第1段落の 31 March「3月31日」なので、4月前までに契約更新をすれば割引を受けられるとした (D) が正解です。2か所を照らし合わせる必要がある問題です。現在の契約は3月31日まで続くので (A) は不正解です。3月10日はEメールが送られた日です。Eメールの最後に「お気軽に私にお電話ください」とはありますが、customer service center に関する記述はないので (B) は不可です。第2段落の2文目に「去年支払い請求をしなかった」とあるので、(C) の was compensated「補償してもらった」はこれに矛盾します。

156. 正解 (C) ★★

coverage の言い換え表現を答える問題です。この話が使用されている文を見ると If you would like to renew your coverage「coverage を更新したいのであれば」とあります。更新するのは前の段落にある policy「保険契約」なので (C) insurance「保険」が正解です。また、Eメールの件名の renew your insurance もヒントになります。coverage には「報道」の意味があるので (A) report「報告」や (B) broadcast「報道」はこの意味であれば言い換えになります。また coverage は「補償範囲」と訳されることも多いので (D) range「範囲」はそこを狙ったひっかけです。

> 件名は読まない人が多いのですが意外とヒントになる問題もあります。

157. 正解 (C) ★★

適切な位置に文を挿入する問題です。Therefore「それゆえに」という接続副詞があり、その後ろには「できる限り早く決定することをお勧めします」という内容があります。よって、[3] に入れれば、前文の「満期日 (3月31日) の前までに更新すれば割引が得られます」⇒「だから (割引を受ける権利がなくなるまで2週間しかないので)、できる限り早く決定することをお勧めします」となり、文がきちんとつながります。

> Part 6の適切な文を空欄に挿入する問題と同じように、接続副詞はヒントになるので、きちんと押さえておきましょう。

語注

- renew 動 (契約など)を更新する
- loyal customer ひいき顧客 類 patron
- according to X Xによると
- homeowner 名 自宅所有者
- (insurance) policy 保険契約
- coverage 名 保険(の補償範囲)・報道
- make an insurance claim 保険金請求をする
- previous 形 前の・以前の
- Should S V もしSがVならば
- look forward to doing 〜するのを楽しみにする

問題158〜160は以下のお知らせに関するものです。

Clarence Underwood とともに過ごす夜を
Boundaries Booksellers
504 La Jolla Dr. 92037

₁₅₈·₁₆₀ アメリカ最大級の書店の1つ、Boundaries Booksellers の La Jolla 支店は、誇りを持って、2月15日木曜日の Clarence Underwood 氏の特別訪問をお迎えします。 Underwood 氏は世界的に有名な野生生物の写真家であり、かつ撮影家です。

₁₅₉ Underwood 氏の最新ドキュメンタリー映画 *Wingspan: Migratory Flights across the North American Continent* は Best Nature Documentary 賞を昨年受賞し、世界的に認められました。この卓越した映画は、カナダのケベック州からアメリカのペンシルバニア州まで移動するガンの群れを追ったものです。

この訪問は、2月6日の *Wingspan* の DVD 発売に伴う、3カ月にわたるサインツアーの一環で、DVD は現在すべての Boundaries Booksellers の店舗で購入できます。ベストセラーの写真雑誌 *Bird Species of South America* と *Birdwatcher's Guide to Australia* を含む Underwood 氏の既刊の作品も購入できますし、彼の訪問の際に、サインをしてもらうこともできます。

この素晴らしい映画の DVD を手に入れ、₁₆₀ それに世界で最も有名な野生生物の専門家の1人である La Jolla の住民、Underwood 氏のサインをもらう機会をお見逃しなく。

158. このお知らせの目的は何ですか。
   (A) 店頭訪問を知らせる
   (B) 写真技術のワークショップをすすめる
   (C) 本屋のセールを広告する
   (D) 映画祭を宣伝する

159. *Wingspan* について何が述べられていますか。
   (A) 作るのに3カ月かかった。
   (B) 賞を獲得した。

(C) 2月6日に映画館で初公開された。
(D) カナダのみで撮影された。

160. Underwood氏について何が言えますか。

(A) 雑誌の編集をしている。
(B) 有名な生物学者である。
(C) アメリカに住んでいる。
(D) 書店を所有している。

158. 正解 (A)　★★★

冒頭の部分に、Boundaries Booksellers' La Jolla location, one of the largest bookstores ... is proud to host a special visit by Clarence Underwood とあるので Clarence Underwood が Boundaries Booksellers にやって来ることがわかります。よって (A) が正解です。この appearance は「見た目」という意味ではなく「やってくること」を表しています。

159. 正解 (B)　★★

第2段落に *Wingspan* ... earned international recognition by winning a prize for Best Nature Documentary とあるので、*Wingspan* が Best Nature Documentary 賞を受賞したことがわかります。よって (B) が正解。

be honored with an award「賞を受ける」が win a prize の言い換えになっています。

160. 正解 (C)　★★★

最後の段落の最後の文に、the La Jolla resident, Mr. Underwood とあることから Underwood 氏が La Jolla の住民であることがわかります。そして、第1段落の最初の文に、

275

Boundaries Booksellers の La Jolla 支店は United States で最も大きな支店のひとつだとあることから、La Jolla がアメリカにあることがわかります。よって (C) He lives in the United States が正解です。journal を編集はしていないので (A) は不可。野生生物の写真や映画を撮ってはいますがこの人が biologist「生物学者」である記述はどこにもないので (B) も正解にはなりません。

照らし合わせる箇所が離れているので非常に難しい問題です。ちなみに La Jolla「ラ・ホヤ」はスペイン語ですがカリフォルニア州のサンディエゴに実際にある地名です。

🚍 語注

- location 名 店舗・支店 類 branch
- be proud to do ～することを誇らしく思う
- internationally 副 国際的に
- wildlife 名 野生動物
- cinematographer 名 撮影家
- latest 形 最新の 類 most recent
- win a prize 賞を受賞する
- extraordinary 形 並外れた
- flock 名 群れ
- geese 名 goose (ガン) の複数形
- province 名 (カナダなどの) 州
- in conjunction with X Xと併せて
- author 名 著者
- resident 名 住民
- foremost 形 最高位の
- expert 名 専門家 類 specialist

問題161～163は以下のEメールに関するものです。

送信者：Janice Wang
　　　　jwang@yettitech.com
宛　先：Marty Knox
　　　　mknox@yettitech.com
日　付：7月20日
件　名：Four Corners の問い合わせの件

Marty

161 このメールはあなたの7月18日の要望に対する返答です。8月10日に Four Corners 協会の会議場にある会議室を使いたいとのことでしたが、あいにくですが承認することはできません。この会場は、我々の事前に承認された会議場のリストには登録されていません。

162 もしこの会場を今後の会議に使用する場所として評価してもらいたいのであれば、(A)予約担当者の名前と(B)電話番号、(D)なぜこの会場があなたの特定の必要性に合っているのかをお伝えください。

明日の朝、本社までお気軽にお電話ください。来月の会議のための代わりの会場についてお話ができます。163 可能であれば従業員は会議にはいつでも社内の会議室を使うよう勧めています。外部の場所の使用は、社内の会議室に十分な広さがない場合か、すでに予約が入っていて、使えない場合にのみ認可されます。

敬具

Janice

161. Eメールの目的は何ですか。
(A) 会議の席を予約する
(B) 施設を使う要求を断る
(C) 会場を利用できるか尋ねる
(D) 会議の議題を確認する

Part 7 解答と解説

162. 会場の承認に必要とされていないものは何ですか。

(A) 代表者の名前
(B) 電話番号
(C) 見積書
(D) 使用目的

163. Wangさんによると、社員は何をするよう奨励されていますか。

(A) 会議を中止するため彼女に電話をする
(B) 会場を予約するときは本社の取りまとめ役と話をする
(C) 会社の施設で会議を開く
(D) 会議室は3人以上で使う

161. 正解 (B)　★★

第1段落の冒頭に I am writing in response to your ... request for use of a conference room「会議室の使用についてのあなたの要望に返事をしている」とあり、4行目に we are unable to approve「承認できない」とあるので、(B) To decline a request to use a facility「施設利用の要求を断る」が正解です。会場を利用できるかたずねたのは E メールの受け手の Marty なので (C) は不可。

162. 正解 (C)　★★

第2段落に、会場の承認に必要な条件が書いてあります。a name of a booking agent が (A) A representative's name、telephone number が (B) A telephone number、reasons が (D) A reason for use に該当します。よって出てきていないのは、(C) A written estimate「見積書」です。

278

163. 正解 (C) ★★★

第3段落の3行目に We suggest employees use our own onsite conference rooms for their meetings「会議には会社の会議室を使うよう提案している」とあるので、(C) Hold meetings on company premises が正解です。

premises「施設・敷地内」という単語を知っていたかがカギとなる問題です。premises は「敷地」だけでなく「建物の中」も含まれるので注意です。

語注

- **I am writing in response to X**　Xに応えて書いています
- **conference room**　会議室　類 meeting room
- **I regret to inform you**　残念ながら〜をお知らせします
- **approve**　動 〜を承認する
- **venue**　名 会場
- **evaluate**　動 〜を評価する　類 assess; appraise
- **potential**　形 可能性のある
- **booking agent**　予約係
- **particularly**　副 特に　類 especially
- **be suited to X**　Xに適している
- **specific**　形 特定の・具体的な　類 concrete
- **feel free to do**　気軽に〜する
  類 do not hesitate to do
- **alternative**　形 代わりの
- **onsite**　形 施設内の
- **whenever possible**　可能ならいつでも
- **sufficient**　形 十分な　類 enough
- **unavailable**　形 利用できない

Part 7 解答と解説

問題164～167は以下の手紙に関するものです。

2月17日
Phillip Alcott
BGX デザインズ
Ottawa, Ontario K1P 1J1

Phillip Alcott 様

₁₆₄BGX デザインズによって広告されていた夏季インターンシップ職に応募した Woody Parker さんのために、これを書いています。Parker さんはここ Springfield 大学でコンピューター・グラフィック・アートを専攻しています。彼は現在4年生でこの秋に卒業する予定です。

₁₆₅Parker さんはかつて私の生徒であり、私がここで7年間教えているデザイン・アプリケーションのコースを履修していました。私は大学で教授をしている間、多くの才能のある知的な学生を教える名誉に恵まれました。₁₆₇しかし、Parker さんの努力と並外れた細部への注意力は、他の生徒たちから抜きん出ていました。

私は数いる生徒の中でも、彼の将来の成功をこれ以上ないほどに確信しています。もし私が、貴社の採用担当であったら、Parker さんよりも見込みのある候補者は想像できないでしょう。この職に関して彼に ₁₆₆ふさわしい配慮をお願いいたします。

敬具

Sally Panderhousen
准教授

164. 手紙の目的は何ですか。

(A) BGX デザインズの職を求める
(B) インターンシップ職の候補者を推薦する
(C) 奨学資金への寄付を求める
(D) 大学のコースの詳細を伝える

280

165. Panderhousenさんについて何が述べられていますか。

(A) 非常に才能のある学生であった。
(B) かつてコンピューターを販売していた。
(C) 会社の採用担当者であった。
(D) Parkerさんを以前教えていた。

166. 第3段落4行目の"due"と最も意味が近いのは

(A) deserved「相応の」
(B) outstanding「未払いの・素晴らしい」
(C) terminable「期限のある」
(D) dropped「落ちた」

167. PanderhousenさんはWoody Parkerについて何と述べていますか。

(A) 彼はSpringfield大学の教員である。
(B) 彼は7年前に彼女に紹介された。
(C) 彼は細心の注意を払って作業をする。
(D) 彼は秋に留学しようと思っている。

164. 正解 (B) ★★

手紙の冒頭に、I am writing on behalf of Woody Parker in regard to his application for the summer internship position とあり、夏のインターンシップに申し込んだ Woody Parker のために手紙を書いていることがわかります。ここから推薦状を書いていると判断できます。よって、(B) To recommend a candidate for an internship が正解です。ここでわからなくても全体を通して Parker のよいところが挙げられており、彼がインターンシップに適していると書かれているので、この手紙は推薦状だとわかります。

165. 正解 (D) ★★

第2段落の冒頭の Mr. Parker の説明部分に a former student

281

of mine「以前の私の学生」とあることから、これを taught Mr. Parker before「以前教えていた」と言い換えた (D) が正解です。Parker が優秀な学生だったことは述べられていますが、Panderhousen さん自身が優秀な学生だったかはわからないので (A) は不可。また、デザイン・アプリケーションのコースを教えていることは述べられていますが、コンピューターを販売していた記述はないので (B) も不可です。最後の段落の If I was a recruiter at your company「あなたの会社の採用係だったら」というのは仮定法で、過去に実際にしていたわけではないので (C) も不正解です。

166. 正解 (A)　★★★

Please give him due consideration for the position. は手紙の最後に来ています。この手紙は him (= Woody Parker) を推薦しているので彼に与えられる consideration「配慮」はよいものでなければなりません。よって (A) deserved「相応の・価値のある」が正解。(C) は due には「締め切りの」という意味があるのでそれを利用したひっかけです。(B) も締め切り（支払期限）から連想される outstanding「未払いの」という単語を使っています。(D) は due の同音異義語 dew「つゆ」と似た意味の drop「しずく」の動詞の過去分詞形を利用したひっかけです。

167. 正解 (C)　★★★

第2段落最後の文の but 以下に、Mr. Parker's . . . extraordinary attention to detail「パーカーさんの並外れた細部への注意力」とあることから (C) が正解だとわかります。extreme care「細心の注意を払って」が extraordinary attention の言い換えになっています。彼は Springfield 大学をこれから卒業するので faculty「教職員」のひとりではないので (A) は不可です。また seven years ago という数字は Panderhousen さんがこの大学でデザイン・アプリケーションを教えはじめた年で、7年前に紹介されたわけではないので (B) も正解にはなりません。秋に卒業するとはありましたが、留学するとはどこにも述べられていないので (D) も不正解です。

🚃 語注

- I am writing on behalf of X　Xのために（代わりに）書いている
- in regard to X　Xに関して　類 about X; regarding X
- advertise　動 ～を広告する
- major　名 専攻・～専攻の学生
- be on track to do　～しようとしている
  類 be on course to do
- former　形 かつての　類 previous
- have the privilege of doing　～する名誉に恵まれる
- talented　形 才能のある
- extraordinary　形 並外れた　類 exceptional
- stand out　抜きん出る
- confident　形 自信がある
- recruiter　名 採用担当者
- candidate　名 候補者・応募者　類 applicant

Part 7 解答と解説

問題168〜171は以下のオンライン・チャットの話し合いに関するものです。

Linda Wilson［午後3時49分］
169 調査結果はどうでしたか、Jack。

Jack Sonoda［午後3時55分］
驚くべきことに、我が社の社員の10%しか、168 我が社の製造している車両を運転していません。

Linda Wilson［午後3時56分］
ああ、本当ですか。なぜ、もっと多くないのでしょうか。

Jack Sonoda［午後3時57分］
169 Kateがデータの分析を担当しています。彼女が調査結果を提供してくれます。

169 **Kate Liu**［午後4時21分］
今データをチェックし終えたところです。調査によれば、170 我が社の製品は独身と若いカップル向けで、家族向けではないと思われているようです。

Florian Janphet［午後4時23分］
全く同感です。私も1台運転していましたが、娘が産まれた後、下取りに出してKioda Motors社製のミニバンを購入しました。

Jack Sonoda［午後4時25分］
なるほど。そういうことなら、170 我が社は、家庭を持っている人たちにも人気が出るモデルを提供することを考慮するべきです。社員さえも我が社の製品を使わないなら、いったい誰が使うでしょう。次の月例会議でその件について話すべきでしょうか。

Kate Liu［午後4時28分］
171 それよりも、来週会議をしませんか。Ryan Lawsonに電話して、部屋を予約できるか聞いてみます。

Linda Wilson［午後4時30分］
良い考えですね。水曜日に会議をしましょう。それまでに、我が

社が発表できるかもしれない製品のアイディアを考えておいてください。

168. 書き手たちはおそらくどこで働いていますか。
    (A) 自動車メーカー
    (B) 骨董店
    (C) おもちゃの小売店
    (D) 不動産代理店

169. 調査結果の分析を担当しているのは誰ですか。
    (A) Wilson さん
    (B) Janphet さん
    (C) Liu さん
    (D) Lawson さん

170. 書き手たちの会社の既存の製品に関して何が示唆されていますか。
    (A) 多くの国で生産されている。
    (B) 社員の間で高く評価されている。
    (C) 家庭を持っている人に人気がない。
    (D) ずっと以前に一般に公開された。

171. 午後4時28分に、Liu さんが書いている "Why don't we hold one next week, instead" はおそらく何を意味していますか。
    (A) 彼女は、来週はいつも通り忙しい。
    (B) 彼女は、より早く会議をするほうが良いと思っている。
    (C) 彼女は、部屋の大きさが十分でないと思っている。
    (D) 彼女は、来月の予定がまだはっきりしていない。

168. 正解 (A) ★

3:55 P.M. の Jack の発言に the vehicles we manufacture「私たちが製造している自動車」とあることから、(A) の automobile manufacturer「自動車メーカー」が正解だとわかります。

169. 正解 (C)　★★

3:57 P.M. の Jack 発言に Kate is responsible for examining the data「Kate がデータを分析する責任がある」と述べています。この the data は 3:49 P.M. の Linda の発言に出てくる the survey result「アンケートの結果」のことです。そして、4:21 P.M. に Kate Liu とあることから Kate の苗字が Liu だとわかります。よって、(C) が正解です。問題自体はシンプルですが何か所か照らし合わせないと答えが出せない問題。

be responsible for が設問では be in charge of の「～の責任がある」に言い換えられ、examine が analyze に言い換えられているわけです。

170. 正解 (C)　★★

4:21 P.M. の Kate の発言に、製品は singles and young couples「独身の人や若いカップル」向けで、not people with families「家族のいる人たち向けではない」とあります。よって、これを not favored by people with families「家族のいる人々に好まれていない」と言い換えた (C) が正解です。4:25 P.M. の Jack の we should consider offering models that will be popular with families「家庭を持つ人々にも人気の出るモデルを提供することを考えるべきだ」というのもヒントになります。社員の多くがこの会社の自動車を使っていないことから (B) の高く評価されているという推測はできません。(A) や (D) に関する記述はありません。(D) は Linda の最後の発言に出てきている introduce という単語を使ったひっかけです。

171. 正解 (B) ★★★

書き手の意図を答える問題です。Why don't we hold one next week, instead?「代わりに来週開きませんか」という提案をしています。まず one が何を指していて instead が「なんの代わりなのか」を文脈から把握する必要があります。この one が指すのは直前の Jack の発言の meeting「会議」です。よって、instead は next monthly meeting「次の月例会議で話す」のではなく、「(それよりも早く) 来週に会議を開いて話そう」ということを意味しているとわかります。ゆえに、it is better to have a meeting sooner「会議をより早く開いたほうがよい」とした (B) が正解です。(C) は、同じ発言内にある reserve a room「部屋を予約する」から連想されるひっかけですが、広さに関しては述べていません。何か別の用があって来月の会議に出られないかもしれないといった文脈であれば (D) は正解になりえます。

🚌 語注

- vehicle 名 自動車 類 automobile; car
- be responsible for X Xの責任がある
  類 be in charge of X
- provide A B AにBを与える
  類 give A B; provide A with B
- findings 名 調査結果
- trade X in Xを下取りに出す

287

Part 7 解答と解説

問題172～175は以下の記事に関するものです。

ソウル──2月24日。172韓国の電子機器メーカー、Daeyon Technologies はタイの無線通信装置と家電の製造販売業者の Tom Vet 社を買収することを発表した。発表は、去年の春に始まった2社間の約1年に及ぶ交渉の末になされた。コストの面で、タイでの製造は優位に立てることであるのに加えて、173 Tom Vet 社のインドネシアを含む東南アジア全域に及ぶ幅広い販売ネットワークは、Daeyon 社にとって戦略的に利益となると産業アナリストは指摘している。

174 2月22日、月曜日の記者会見で、Daeyon 社の CEO Hyun Su Lee は、この買収の背景にある戦略的理由と東南アジアに対する Daeyon 社の展望の概要を述べた。「グローバル化により、アジアの製造業に素晴らしい機会が生まれています。」と彼は述べた。韓国車は非常に高品質であると多くの人に見なされている。韓国の電子機器やコンピューター部品にも同じことが当てはまる。それらは海外とくに東南アジアで人気が出てきている。175さらにその地域の多くの国が急速に近代化してきている。そこで、Daeyon は東南アジアを次の開拓地と見なしており、早い時期にそこに進出したいのだ。

Tom Vet 社の製造工場を拡張・近代化し、薄型テレビを製造できるよう設備を設置するために、Daeyon 社は20億ドルの投資をこの先4年間かけて行う予定だ。Daeyon 社も Tom Vet 社も現在テレビは製造していないが、両社のトップは正しい判断をしているという自信を表明している。投資家やアナリストも賛同しているようである。

172. 記事の主な目的は何ですか。
　　(A) 新しい無線技術を宣伝する
　　(B) 企業の買収を伝える
　　(C) 電器店の開店を知らせる
　　(D) 地元の重役の職歴を取り上げる

173. アナリストによると、Tom Vet 社の何が Daeyon 社にとって有利なのですか。

(A) 既存の販売ネットワーク
(B) 様々な種類の器具
(C) 韓国に移転する決定
(D) ソウルの取引相手

174. 記事によると、今週の初めに何が起きましたか。

(A) 合併交渉が始まった。
(B) メディアに発表があった。
(C) Daeyon 社の重役がバンコクに出張した。
(D) 小売店で新製品が公開された。

175. [1]、[2]、[3]、[4] と記載された箇所のうち、次の文が入るのに最もふさわしいものはどれですか。

「さらに、その地域の多くの国が急速に近代化してきている」

(A) [1]
(B) [2]
(C) [3]
(D) [4]

172. 正解 (B)　★★

記事の冒頭部分に Daeyon Technologies has announced the purchase of Tom Vet Corporation とあり、Daeyon 社が Tom Vet 社を買収することがわかります。その後も買収に関する内容が書かれているので、(B) To report a business acquisition「企業の買収を報道すること」が正解。

選択肢の acquisition は purchase の言い換えになっています。

Part 7 解答と解説

173. 正解 (A) ★★

第1段落の最後の文に、analysts point out that Tom Vet's extensive distribution network ... is ... beneficial to Daeyon「アナリストは Tom Vet 社の広い販売ネットワークが Daeyon 社に利益をもたらすと指摘している」とあるので、(A) Its existing distribution network「既存の販売ネットワーク」が正解です。多くの電化製品を製造しているとは述べられていないので (B) は不正解です。

174. 正解 (B) ★★★

第2段落の冒頭に Speaking at a press conference on Monday, February 22「2月22日の月曜日に記者会見で話した」とあるので、これを言い換えた (B) An announcement was made to the media が正解です。記事の冒頭の日付が2月24日になっているので2月22日は今週の初めであることが確認できます。

175. 正解 (B) ★★★

文を適切な位置に入れる問題です。文中に the region「その地域」があることに注目します。[2] の直前には Southeast Asia「東南アジア」という地名があるのでこの位置がふさわしいとわかります。また、次の文の That is why Daeyon sees it as the next frontier「だから、Daeyon はそこを次の開拓地と見ている」の it が東南アジアを指し、「急速に近代化しているから、開拓地とみなしている」という論理関係もきちんと成立します。よって、(B) [2] が正解です。

290

> 代名詞や指示詞と、文の論理関係をつかむことは文挿入問題を解くうえで基本になります。

語注

- **electronics** 名 電子機器・電化製品
- **purchase** 動 〜を買収する 類 buy
- **distributor** 名 販売業者・卸業者 類 wholesaler
- **wireless communication devices** 無線通信機器
- **mark** 動 〜の印となる
- **negotiation** 名 交渉
- **advantage** 名 有利な点 類 benefit
- **point out** 〜を指摘する
- **distribution network** 物流ネットワーク
- **strategically beneficial** 戦略的に有利な
- **press conference** 記者会見
- **exceptionally** 副 非常に
- **component** 名 部品 類 part
- **get one's foot in the door** (市場に)うまく入り込む・足がかりを得る
- **invest A in B** AをBに投資する
- **equip** 動 〜を備えつける
- **currently** 副 現在 類 now
- **confidence** 名 自信

Part 7 解答と解説

問題176~180は以下の広告とEメールに関するものです。

〈広告〉

案内広告欄

役職:企画部長

₁₇₆高品質の化粧品およびスキンケア製品で認められているアメリカ企業であるPhillips & Akins社は、₁₇₇現在進行中の世界的な事業拡大に伴う戦略企画の責任者となる企画部長を求めています。

職務には、営業実績の分析、_{178(B)}適当な目標の設定、_{178(A)}業務効率測定のための基準設定、_{178(D)}改善のための提案を行うことなどが含まれます。

また企画部長はニューヨークにある国際本部で働くことになります。_{178(C)}さらに、経験豊かなスタッフがおりますので、部下の研修をする必要はありません。

採用される志願者は、大卒で、専攻はマーケティングもしくは関連のあるビジネス分野でなければなりません。MBA等、大学院の学位所持者が望ましいです。₁₈₀少なくとも3年のマネジメント経験のある応募者のみが選考の対象となります。応募者は北京語か他のアジアの言語に加え英語が堪能でなければなりません。この役職にはアジア全域に出張することに意欲的であることが必須です。

職務経歴書とカバーレターをPhilip Takedaまでお送りください。ptakeda@pai.com

〈Eメール〉

宛先:Philip Takeda
差出人:Amanda Pitt
日付:9月5日
用件:面接

Takeda 様

本日はお忙しい中、私の面接のためにお時間を取って頂きありがとうございました。直接お目にかかった後で、自分が職に適正であるといっそう確信いたしました。御社は来年アジア市場に拡大する予定だとおっしゃっておられましたね。179.面接の際に申し忘れましたが、私はこの3年間集中的に北京語を学んでおり、かなり流暢です。また、アジア諸国への頻繁な出張も問題ありません。180.マネージャーとして始めたばかりではありますが、私の資質は御社にとって有益であると確信しております。

ご配慮に今一度お礼を申し上げます。

敬具

Amanda Pitt

176. 広告の第1段落・1行目の recognized に最も意味が近いのは

(A) understood 理解された
(B) acknowledged 認められた
(C) noticed 気が付かれた
(D) identified 特定された

177. Phillips & Akins 社について何がわかりますか。

(A) 最近会社が設立された。
(B) 本社がアジアにある。
(C) 市場拡大をしている。
(D) 大学生のために奨学金のスポンサーをしている。

178. 企画部長の職務の中で、記載されていないものはどれですか。

(A) 効率を評価するための基準を定義する
(B) 業務目標を設定する
(C) 従業員研修を行う
(D) 業績向上のための方法を提案する

179. なぜ Pitt さんは Takeda さんに書いていますか。

(A) 彼が彼女に送ったギフトへの感謝を示すため

(B) 彼に再度会うことをお願いするため
(C) 彼女は最近アジアをよく訪れることを彼に伝えるため
(D) 面接の間に述べなかった情報を提供するため

180. Phillips & Akins が要求していて、Pitt さんに不足している資格は何ですか。

(A) 海外に出張する意欲
(B) MBA の学位
(C) 豊富な管理職の経験
(D) アジアの言語の流暢さ

176. 正解 (B) ★★

recognized の使われている文を見ると a ... company recognized for its high quality ... products「高品質の ... 製品で recognized ... 企業」という形で recognized の分詞のかたまりが company を修飾しています。この recognized の言い換えになれるのは (B) acknowledged「認められた」です。recognize には「認識する」だけでなく「認める」という意味があることを覚えておきましょう。この語は「わかる」と訳されることがあるので (A) understood「理解された」や (D) identified「特定された」はそこをついたひっかけ、また、「気づく」と訳されることもあるので (C) noticed はそこを狙ったひっかけです。

177. 正解 (C) ★★

広告の冒頭の文、最後の部分に the ongoing global expansion of its business「現在行われている我が社の世界的な拡大」とあるので、(C) It is undergoing an expansion「市場拡大をしている」が正解です。undergo は「〜を経る・経験する」という意味です。undergoing を ongoing「進行中

の」と言い換えています。広告の冒頭に a U.S.-based company「アメリカに本社がある会社」とあるので、本社が Asia にあるという (B) はこれに矛盾します。また、第3段落にも headquarters in New York「ニューヨークの本社」という表現があります。

X-based company「X に本社がある会社」、is based in X「X に本社がある」、headquarters are located in X「本社が X にある」はどれも重要表現です。

178. 正解 (C) ★★★

職務は広告の第2段落に書いてあります。setting appropriate objectives は (B) Setting operational goals に、establishing standards to measure operational effectiveness は (A) Defining standards to evaluate efficiency に、making recommendations for improvements は (D) Suggesting ways to improve performance に対応しています。よって (C) Training employees が答えだとわかります。

この部分がわからなくても第3段落の2文目の training of subordinates is not required「部下の訓練は必要ありません」に気がつけば消去法を使わなくても正解できます。

179. 正解 (D) ★★

E メールに I forgot to tell you during the interview that I have been studying Mandarin intensively for three years now, and am quite fluent「面接の際に申し忘れましたが、私はこの3年間集中的に北京語を学んでおり、かなり流暢です」とあり、面接中に述べるのを忘れていた情報を伝えるために E メールを書いているとわかります。よって、面接中に述べなかった情報を提供するとした (D) が正解です。

295

Part 7 解答と解説

感謝はしていますが、ギフトをもらったわけではないので(A)は不可です。follow-up「補足の」情報は提供していますが、また会ってほしいとは述べていないので(B)も不正解です。アジアに出張する意欲については述べられていますが、最近よく行くかは述べられていないので(C)も正解にはなりません。

こういった面接後のお礼とさらなるアピールが書かれたEメールはよく出題されます。

180. 正解 (C)　★★★

求人広告の第4段落の中で必須とされているものと選択肢の対応を見てみると、a university graduate in marketing or a related business field「マーケティングもしくは関連のあるビジネス分野を専攻している大卒」に関する選択肢はありません。まず、at least 3 years of experience in a management role「少なくとも3年のマネジメントの経験」が(C)に該当し、fluent in English as well as Mandarin or other Asian language「英語と北京語かアジアの言語が流暢であること」が(D)に、Willingness to travel extensively throughout Asia「アジア全域に出張することに意欲的であること」が(A)に該当します。Eメールを見ると最後の部分に I just started as a manager「マネージャーとして働きはじめたばかりです」とあるので、(C) Extensive management experience「豊富な管理職の経験」を満たしていないことがわかり、これが正解となります。北京語は流暢なので(D)は不可、アジアの国々に行くことにも意欲的なので(A)も不可です。(B)のMBAは必須ではなくあくまでplus「望ましいもの」なので正解にはなりません。

plus 「望ましいもの」や preferable 「望ましい」は required、imperative、mandatory、necessary「必須な」、a must「必要なもの」とは異なることをきちんと覚えてきましょう。

語注

- planning officer　企画責任者
- cosmetics　名 化粧品
- high quality　質の高い・高品質 (な)
- seek　動 ～を探す　類 look for; search for
- be responsible for X　Xを担当する
  類 be in charge of X
- strategic planning　戦略計画
- ongoing　形 進行中の
- expansion　名 拡大・展開
- duty　名 職務　類 responsibility
- conduct　動 ～を行う　類 carry out; perform
- analysis　名 分析・解析
- performance　名 業績
- appropriate　形 適切な
- objective　名 目標　類 target
- establish　動 ～を設ける・作る　類 set
- standard　名 基準
- measure　動 ～を測る
- effectiveness　名 有効性
- make a recommendation　勧める
- improvement　名 改善
- headquarters　名 本社　類 head office; main office
- subordinate　名 部下
- MBA (= Master of Business Administration)　経営学修士
- willingness to do　進んで～する意欲
- extensively　副 幅広く
- mandatory　形 必須の　類 imperative; required
- résumé　名 履歴書・職務経歴書
- cover letter　カバーレター

297

- confident 形 自信のある
- expand into ～へ拡大する
- intensively 副 集中的に
- frequently 副 頻繁に 類 often
- qualification 名 資格・資質
- beneficial 形 利益をもたらす
- extensive 形 幅広い 類 comprehensive

カバーレターは、履歴書に入りきらなかった自分をアピールする点を書く手紙のことです。このほかにも reference, recommendation「推薦状」と portfolio「作品集」も職へ応募するときに求められるものとして TOEIC によく出ます。

問題181〜185は以下のお知らせとEメールに関するものです。

〈お知らせ〉

Golden Gym

Potts Point の新しいスポーツクラブをご見学ください！
[181] Sydney の Golden Gym の会員様であるあなたに、この新しい施設への特別見学の機会をご提供いたします。この無料のプレオープン・イベントで、誰よりも早く施設を体験できます。月にたった5ドルの追加で両方の施設を使用できるメンバーシップに十分に価値があることもおわかり頂けるでしょう。Potts Point の施設は、当ジムの最上のフィットネスの伝統を[182]継承し、会員の皆様のお好みに合ったいくつものサービスを加えます。

イベントの日付：12月8日 金曜日

時間：午後12時から午後8時

施設内を見学して、当ジムの知識豊富なインストラクターにお会いください。

次のような理由から、この新しい施設を是非お試し頂きたいと思います：

- [183(B)]水泳レッスンや水中フィットネスのクラスがある Geyser Pool
- 100台以上の最先端のフィットネス・マシンを備えた Great Exercise Room
- プロテイン製品と[185]トレーニング・ウェアの幅広い品揃えをご提供する Gazelle Store
- [183(D)]栄養価の高いスープ、サラダ、ジュースとシェイクをご提供する Garden Café

この施設は、12月16日の土曜日に一般公開されます。
Golden Gym の T シャツが当たる抽選にご参加ください！

299

Part 7 解答と解説

〈Eメール〉

宛先： orudokova@goldengym.au
差出人：tgordon@richardcommunications.au
日付： 12月11日
件名： 登録
添付： 184用紙

Rudakova 様

先週の金曜日はクラブの見学をありがとうございました。我が Richards Telecommunications の従業員は、そちらの施設の完成を見られて本当に喜んでいました。オフィスに戻ってから、我が社の役員会は社の全従業員のためにそちらの新しい施設の会員費を支払うことに決めました。すでに Golden Gym の会員である何人かの従業員に関する情報を含む 184登録用紙を添付してあります。

一般へのグランド・オープンの前に登録すれば、183(C)特別団体料金ならびに 185そちらのお店で使える割引券が獲得できるとうかがいました。そういうわけで、今ご連絡をしている次第です。

ご質問がございましたら、ご遠慮なく（02）5555-0188で、私にお電話ください。

敬具

Gordon Tallie

181. お知らせの主な目的は何ですか。

(A) 人々がコンテストに参加するよう促すこと
(B) 会員に新しい施設を見るように勧めること
(C) 人々に契約を更新するよう求めること
(D) 買い物客に小売店のグランド・オープンを知らせること

182. お知らせの第1段落・7行目の picks up に最も意味が近いのは

(A) fetches ～を取ってくる
(B) collects ～を迎えに行く・～を集める

300

(C) continues 〜を継続する
(D) improves 向上する

183. Golden Gym について言及されていないのはどれですか。

(A) 全ての会員にTシャツを無料で配る。
(B) プールを備えている。
(C) 大人数のグループには割引料金を提供している。
(D) 食事ができる場所がある。

184. 何がEメールに添付されていますか。

(A) ジムへの道順
(B) 小切手のコピー
(C) 設計図
(D) 登録用紙

185. Tallie さんの従業員について示唆されているのはどれですか。

(A) 彼らは誰も現在 Golden Gym の会員ではない。
(B) 彼らは手頃な価格で食物が買える。
(C) 彼らは全員、12月8日のイベントに出席した。
(D) 彼らはトレーニング・ウェアの割引が受けられる。

181. 正解 (B) ★★★

お知らせの2文目に As patrons of Golden Gym in Sydney, you will be granted special access to this new facility とあります。ジムの patron「(ひいき)客・利用者」というのは、ジムのメンバーのことなので、このお知らせは Golden Gym のメンバーに向けてのものだとわかります。その Golden Gym のグループが新しいジムの支店を作り、この新しい施設にメンバーを招待しているので (B) が正解です。小売店がオープン(ジムの中にお店はありますが)することを知らせるのが目的ではないので (D) は不正解です。お知らせの最後にジムのTシャツを手に入れられる抽選への参加を促しており、これを contest「競争」と言えなくはないのです

301

がお知らせのメインの目的ではないので (A) も不可です。

月に5ドル多く会費を払えば現在メンバーが利用しているジムの店舗だけでなく、この新しい店舗も利用できるようになるという状況だとわからないと、なぜジムの見学会が行われているのか理解しづらいですね。

182. 正解 (C) ★★★

picks up の後ろには our tradition「伝統」があり、主語には The Potts Point facility と新しくできるジムが来ています。よって、新しいジムも伝統を「引き継いでいる」という意味の continues「～を継承する」が正解です。pick up には「持ってくる」という意味があるので (A) fetch(es)「～を持ってくる」はそのひっかけ、また、「車で迎えに行く」という意味もあるので、その意味で使うことのできる (B) collect(s) はそこを狙ったひっかけです。そして、自動詞で売り上げや状況が「向上する」という意味もあるので、この意味の言い換えになれる (D) improve(s)「向上する」はこのことを利用したひっかけです。

183. 正解 (A) ★★★

お知らせの後半部分の箇条書きになっている部分の1番上に、プールが載っているのでこれが (B) に当たります。さらに4番目にカフェが載っているので、これが (D) に当たります。また、Eメールの第2段落に special group rate「特別団体割引」とあるので、これが (C) に該当します。Tシャツを手に入れられる抽選はありますが、メンバー全員に配られるとは書かれていないので (A) が正解です。

今回のように NOT 問題が複数の文書にまたがる場合があるので、こういった場合は注意が必要です。2文書や3文書

の問題は、1つの文書で答えが出なかったら、別の文書にヒントがあるのではないかと構えておくことが大切です。

184. 正解 (D) ★

Eメールの第1段落3文目に I have attached the registration form と書いてあるので、(D) が正解です。Subject「件名」の下の Attachment「添付ファイル」のところにも Form と書いてあるので解きやすい問題です。

185. 正解 (D) ★★★

Eメールの第2段落に we (Richard Communications の社員たち) can obtain ... vouchers which can be used in your store「あなたのお店で使えるクーポンを手に入れられる」と述べています。そして、お知らせの箇条書きの3つ目の Gazelle Store の部分を見ると、この店は exercise clothing を販売しているとわかります。よって、社員たちは、運動用の服の割引が受けられるとわかるので (D) が正解です。カフェで使える割引に関しては述べられていないので (B) は不可です。Eメールの第1段落の最後に employees who are already ... members「すでにメンバーである社員」とあるので、「メンバーが誰もいない」とした (A) はこれに矛盾します。12月8日のジムのツアーに参加した社員は Tallie 以外にもいるかもしれませんが全社員とは述べられていないので (C) も不正解です。

🔉 語注

- health club　ジム　類 gym; fitness center
- patron　名 ひいき客

- grant A B　AにBを与える
- allow X to do　Xが〜できるようにする　類 enable X to do
- be worth X　Xに値する
- state-of-the-art　形 最先端の
- a wide selection of X　様々なX
- nutritious　形 栄養豊富な
- participate in X　Xに参加する　類 take part in X
- drawing　名 抽選・くじ引き
- turn out　〜になる
- board of directors　役員
- including X　Xを含む
- equip A with B　AにBを備え付ける
- discounted rate　割引価格
- blueprint　名 設計図

問題186〜190は以下の時刻表、お知らせ、Eメールに関するものです。

〈時刻表〉

最終バス

	Jones & Beach	4th St & Castro	190 Hyde & Market	187 Taylor & Bay	Nob Hill
M17	午後10時		190 午後10時35分	187 午後11時5分	午後11時40分
M19	午後10時5分	午後10時45分		午後11時30分	
K22	午後6時30分				午後7時30分
K32	午後7時20分		午後8時5分		午後8時45分

〈お知らせ〉

186-187 Michigan Transit Authority は、4th Street での建設工事プロジェクトのために6月20日から6月27日までM19番バスの運転を休止する必要があると、本日発表しました。Castro 地域に行く必要がある乗客は、代わりに地下鉄に乗ることを勧められています。K22とK32を含む急行バスは、通常通り運行します。

186 また、7月1日には、Jones Theater で開催される Florian Film Festival に出席すると予想される多数の人々に対応するためにバスの運行を増やしますので、ご注意ください。当日は、K32番の最終バスは、Jones & Beach を午後8時20分に出発します。

Part 7 解答と解説

〈Eメール〉

宛先：Victor Macedo
差出人：Lisa Grace
日付：6月28日
用件：映画祭

Victor へ

₁₈₈私は Florian Film Festival のチケットを2枚入手したところです。Karen から、あなたがとても興味があったのにチケットを入手できなかったと聞きました。₁₈₉私のいとこが奥さんと一緒に行くはずだったのですが、彼のおじさんが病気になったので、夫婦で訪ねなくてはならなくなりました。だから私にチケットをくれたのです。

₁₈₈あなたはまだ行きたいと思っていますか。もしそうなら知らせてください。それと、私はフェスティバルの後に Mary と夕食をするのですが、あなたも加わるなら歓迎します。₁₉₀私が Hyde & Market に行く最終バスに乗れるように、午後9時30分頃までに夕食を終えなければなりません。

さようなら

Lisa

186. お知らせの主な目的は何ですか。
    (A) 映画に関する情報を提供すること
    (B) 割引を受ける方法を説明すること
    (C) 人々に運賃の値上げを知らせること
    (D) 人々にサービスの変更について知らせること

187. 6月25日には、最終バスは何時に Taylor & Bay に到着しますか。
    (A) 午後10時55分
    (B) 午後11時5分

306

(C) 午後11時30分
    (D) 午後11時40分

188. なぜ、GraceさんはMacedoさんにEメールを書きましたか。
    (A) 彼に車に乗せてくれるよう頼むため
    (B) 彼を昼食に招待するため
    (C) 彼にチケットを提供するため
    (D) 彼女の友人を紹介するため

189. なぜ、Graceさんのいとこは、フェスティバルに出席できないのですか。
    (A) 親戚が病気だから。
    (B) 出張に行かなければならないから。
    (C) 医者の予約があるから。
    (D) 車両を修理する必要があるから。

190. Graceさんは、7月1日におそらくどのバスに乗りますか。
    (A) M17
    (B) M19
    (C) K22
    (D) K32

186. 正解 (D) ★★

お知らせには、6月のM19バスのサービス中断や、7月1日のバスの増便について書かれているのでこれを service changes「サービスの変更」と言い換えた (D) が正解です。

187. 正解 (B) ★★★

お知らせによると June 20 through 27 は M19 バスが利用できなくなるので、June 25 は M19 バスを利用できません。時刻表を見ると、普段は Taylor & Bay に着く最終バスは M19 の (C) 11:30 P.M. ですが、この日は M19 を利用できな

307

Part 7 解答と解説

いので、M17の (B) 11:05 P.M. が正解だとわかります。

188. 正解 (C) ★

Eメールの冒頭に got two tickets「チケットを2枚入手した」とあり、次の文で Macedo がイベントのチケットを購入できなかったとあります。また次の段落で「まだ行きたいですか？もしそうなら教えてください」と述べているので、チケットを譲るためだとわかります。よって、(C) が正解です。Mary との食事について触れてはいますが、Mary を紹介するために E メールを書いているわけではないので (D) は不可です。

189. 正解 (A) ★★

Eメールの第1段落の3文目に、いとこが行く予定だったが、彼のおじが病気で、おじのところに行かなければならなかったとあるので、uncle を relative「親戚」と言い換えた (A) が正解です。

190. 正解 (A) ★★★

Eメールの第2段落最後の文に Hyde & Market に行く最終バスに乗るとあります。時刻表に載っている Hyde & Market に最後に着くバスは 10:35 P.M. に到着する (A) M17 です。July 1 はフェスティバルがある日なので、お知らせに言及がある増便された (D) K32 に乗るのではと思った人もいるでしょうが、彼女は 9:30 P.M. ごろに食事を終えるので、8:20 P.M. に Jones & Beach を出る K32 の最終便に乗るのは不可能です。

308

語注

- **suspend** 動 ～を停止する
- **instead** 副 代わりに
- **operate** 動 運営する・営業する
- **as usual** 普段通り
- **bear in mind** ～を心に留めておく　類 keep in mind
- **accommodate** 動 ～に対応する・～を収容する
- **vast** 形 巨大な　類 huge
- **so (that) S (can) V** SがVするために
- **ask X for a ride** Xに車で送ってくれと頼む

Part 7 解答と解説

問題191~195は以下のレビュー、メニュー、コメントカードに関するものです。

〈レビュー〉

One Planet Guide to Indonesia のレビュー

South Sanur での食事
Château Le Blanc
電話.287424; Jl Kesumasari 224-A

バリを旅行中に伝統的なバリ料理に飽きてしまい、191(A)お金に余裕があるのであれば、South Sanur 中心部の Château Le Blanc が美味しいフランス料理を提供してくれます。私たちが食べたメインディッシュは皆すばらしいものでした。しかし、同地域にある他店に比べ、191(A)値段はとても高いものでした。

191(B)レストランのオーナーで総料理長でもある Seth Demarco が創作した素晴らしいメインディッシュを提供しています。191(C)彼は、パリの名高い French Academy of Culinary Arts に通っていました。192私は、Bar au Beurre Blanc と Saumon Sauce Endives をお勧めします。

193勘定書についてくるコメントカードに記入するのを忘れないようにしてください。記入をすれば次回の食事の際に無料で前菜と交換できるクーポン券が送られます。この提供は5月5日までです。

〈メニュー〉

メインディッシュ

Poulet à la Provençale —— 30万ルピー
　鶏胸肉のテンダーロインのソテー、ニンニクとトマトとケッパー添え

Soleil Sauce Gingembre —— 36万ルピー
　ホタテガイのフライパン焼き、ジンジャー・ライム・ソース

310

Bar au Beurre Blanc ——— 39万ルピー
　軽く炙ったシーバスとカニのバター・ソース

Carré d'Agneau ——— 45万ルピー
　ローストした子羊のあばら肉、ローストガーリック味のデミグラスソース

Saumon Sauce Endives ——— 43万ルピー
　サーモンのバターソテー、アンディーヴとエシャロットと
　[192]レモン添え

〈コメントカード〉

Château Le Blanc コメントカード
[193]日付：5月3日
名前：Flora Singh　E-mail: sflora712@knmail.co.uk

コメント：
私は仕事でバリによく来るのですが、たまたま *One Planet Guide to Indonesia* のレビューを読んでいたところ、このレストランを偶然見つけることができてとてもうれしく思います。[192]バリにいるときはたいていバリ料理のお店で食事をするのですが、長期滞在の場合は少し飽きてきます。全体的に料理は美味しかったですが[192]私があまりよく思わなかったのはガイドブックが勧めていたメインディッシュです。レモンが強すぎて魚の味を消してしまっていて、とてもすっぱかったです。しかし、[195]接客係はとても親切で理解のある方で、料理は請求に含まれていませんでした。次回バリを訪れた際には必ずまた来ようと思っています。

191. レビューに述べられていないのはどれですか。
　(A) Château Le Blanc の食事はとても手頃な価格ではない。
　(B) Demarco さんは Château Le Blanc を所有している。
　(C) Demarco さんはパリで勉強した。
　(D) Château Le Blanc はバリ料理を提供している。

192. コメントカードの第1段落の5行目の extended と最も意味が近いのは

(A) broad　幅の広い
(B) long　長い
(C) delayed　遅れた
(D) offered　提供された

193. Singhさんはおそらく Château Le Blanc から何を受け取りますか。

(A) デザートの割引
(B) ガイドブック
(C) 無料の食事のクーポン
(D) 特別なソース

194. Singhさんはどのメインディッシュを注文しましたか。

(A) Carré d'Agneau
(B) Bar au Beurre Blanc
(C) Soleil Sauce Gingembre
(D) Saumon Sauce Endives

195. コメントカードによると、Singhさんについて何が言えますか。

(A) 彼女はレストランについてインターネットで読んだ。
(B) 彼女はパリによく家族と来る。
(C) 彼女はメインディッシュ2品の料金を払った。
(D) 彼女は、接客係は親切だと感じた。

191. 正解 (D) 　★★★

レビューの第1段落最後の文に the prices were quite high とあるので、これが not very affordable「手頃な価格ではない」とした (A) に当たります。1つ前の文の If you are not on a tight budget「予算に余裕があるなら」もヒントになります。第2段落の最初の文に its owner and head chef Seth Demarco「レストランのオーナーで総料理長の Seth Demarco とあります。このレストランは Château Le Blanc

312

のことなので、ここが (B) Mr. Demarco owns Château Le Blanc に該当します。同じ文の後半部分に Seth Demarco, who attended the prestigious French Academy of Culinary Arts in Paris とあることから、パリの学校で勉強したことがわかります。よって、これが (C) に当たります。第1段落1文目に Château Le Blanc offers fine French cuisine と、フランス料理を提供しているという記述はありますが、バリ料理を提供しているとは述べられていないので (D) が正解です。

192. 正解 (B) ★★

コメントカードの2文目を見ると、I usually eat at the Balinese places while I am here, but that can get a little tiring during extended stays「滞在中はバリ料理のお店でたいてい食事をするが、〜滞在の間は少し飽きてしまう」とあります。この文脈に合う extended の意味は (B) long「長い」です。extended stays で「長期滞在」という意味になります。extend「〜を延ばす」の過去分詞なので「延ばされた」⇒「広い」という連想を狙ったひっかけが (A) broad「広い」です。また、extend には「延期する・延長する」という意味もあるので、(C) delayed「延期された」はそのひっかけです。さらに、extend には「〜を与える」という意味があり、offer, present, give といった単語とも言い換えになれるので、そこを狙ったひっかけが (D) offered です。きちんと文脈で解く必要がある問題です。

extend には意味がたくさんあるので言い換え問題頻出です。

Part 7 解答と解説

193. 正解 (C) ★★

レビューの第3段落に、If you complete it, they mail you a . . . voucher good for a complimentary appetizer「コメントカードを記入すると前菜と交換できるクーポンを送ってくれる」とあります。次の文にはこのオファーは May 5 までだとあります。Singh さんが書いたコメントカードを見ると日付は May 3 です。よって、彼女はこの voucher をもらえることがわかるので (C) A coupon for free food が正解です。

voucher が coupon、complimentary が free、appetizer が food に言い換えられています。

194. 正解 (D) ★★

コメントカードの中盤で Singh は what I did not particularly care for was the entrée, which was recommended in the guidebook「好ましくなかったのはガイドブックで勧められていたメインディッシュだった」と述べていることから、彼女がガイドブックに勧められていたものを頼んだとわかります。ガイドブックのレビュー第2段落最後の文には Bar au Beurre Blanc and Saumon Sauce Endives の2品が勧められています。メニューを見るとこの2つの中でレモンを使っているのは Saumon Sauce Endives だとわかるので (D) が正解です。

実はレモンを使っている料理はメニューにこれしか載っていないので、レビューを見なくても、コメントカードとメニューだけで正解することができます。

195. 正解 (D) ★★★

コメントカードの最後から2文目に the server was very

314

courteous「接客係は親切(丁寧)でした」とあります。よって、これを friendly「親切な・愛想のいい」と言い換えた (D) が正解です。courteous は「丁寧な」、friendly は「友好的な」と訳されることが多いので、言い換えになると知らなかった人も多かったでしょうが、TOEIC では言い換え表現として登場するので要注意です。レストランについて知ったのは本のレビューを読んでいたからでオンラインで見たとは述べられていないので (A) は不可です。バリには仕事でよく来るとは述べられていますが、家族と来るとは書かれていないので (B) も不正解です。また、頼んだメインディッシュはひとつだと推測できますし、しかもその分は会計に入っていなかったので2品分払ったとある (C) はこれに矛盾します。

server とはウェイターやウェイトレスのことです。

🚃 語注

- review 名 レビュー
- traditional 形 伝統的な
- tight budget 余裕のない予算
- cuisine 名 料理 類 dishes
- entrée 名 メインディッシュ 類 main dish
- compared to X Xと比べて 類 relative to X
- establishment 名 施設・店 類 shop; store
- attend 動 〜に通学する・〜に出席する
- prestigious 形 名声のある 類 renowned
- make sure to do 確実に〜する
- fill out 〜を記入する 類 complete
- credit voucher 名 クーポン券
  類 coupon; gift certificate
- good for X Xに使える 類 valid for X
- complimentary 形 無料の 類 free

- appetizer　名 前菜　類 starter
- last　動 続く　類 continue
- come across X　偶然にXを見つける
- in general　概して　類 generally; overall
- not particularly　あまり〜でない
- overpower　動 〜にとって強すぎる・〜を圧倒する
- server　名 サーバー・給仕人（ウェイター・ウェイトレスのこと）
- courteous　形 礼儀正しい　類 polite
　　　　　　　　親切な　類 kind; friendly
- bill　名 勘定　類 check
- definitely　副 必ず　類 certainly

問題196〜200は以下のスケジュール、ウェブページ、Eメールに関するものです。

〈スケジュール〉

FORESTA SEA TRAVEL
カリビアン・クルーズ・スペシャル

パッケージ番号	日程	出発地	旅程	運賃* 大人	運賃* 子ども
[199]MIACG18	10月3日〜7日	Miami	[199]Cozumel, Grand Cayman	$439	$219
MIAOG24	10月9日〜13日	Miami	Ocho Rios, Grand Cayman	$559	$369
MIANS71	[200]10月14日〜18日	Miami	[200]Nassau, St. Thomas	$419	$279
FTLSS13	10月21日〜26日	[196]Ft. Lauderdale	St. Maarten, San Juan, St. Lucia, Barbados	$629**	[196]$499**

*[197]運賃には、部屋代と船内すべての食事代、ナイトショーと子どものアクティビティー料金が含まれます。運賃に港湾使用料、税金は含まれません。

**[196]Barbados から Ft. Lauderdale に飛行機で戻ります（本片道の航空料金が含まれます）。

〈ウェブページ〉

Foresta Sea Travel は様々なクルーズパッケージを提供しています。

それぞれの目的地では素晴らしい任意の周遊ができます。Nassau では工芸品市場ツアー、[199]Cozumel ではスキューバダイビングのレッスン、[198]Ocho Rios ではジャマイカのシェフによる料理レッスン、San Juan では18世紀のスペインの城塞ツアーなどがあります。

クルーズを予約なさりたい方はここをクリックしてください。

クルーズの予約の変更、キャンセルは、800-555-8741 にお電話いただくか cruises@forestaseatravel.com に E メールでお知らせください。[200]出発前7日を過ぎてからの変更やキャンセルは40％のキャンセル料金が発生しますのでご注意ください。

317

〈Eメール〉

200 日付：10月10日
差出人：Theresa Kasuga
宛先：　cruises@forestaseatravel.com
件名：　私のクルーズ

担当者の方へ

200 私は Nassau 行きのクルーズを予約しました。もともと、大人2人、子ども2人で1部屋を予約したのですが、夫が急な出張のため行けなくなってしまいました。200 なので、私たちの予約をキャンセルしなければなりません。キャンセルするには何が必要なのか教えてください。

敬具

Theresa Kasuga

196. Ft. Lauderdale から出るクルーズについて何が言えますか。

　　(A) Nassau で停泊する。
　　(B) 乗客は飛行機で戻る。
　　(C) 無料のオプショナルツアーが含まれる。
　　(D) 特別な食事メニューには別途料金がかかる。

197. クルーズ料金に含まれていないものは何ですか。

　　(A) ホテルへの往復移動
　　(B) 船内の食事
　　(C) 夜のエンターテイメント
　　(D) 家族のアクティビティー

198. Ocho Rios に行く乗客がすることのできるアクティビティは何ですか。

　　(A) ショッピングに行く
　　(B) 海で泳ぐ
　　(C) 料理を学ぶ
　　(D) 歴史的建造物を訪問する

199. 乗客がスキューバーダイビングを習うことのできるクルーズの番号は何ですか。

(A) MIACG18
(B) MIAOG24
(C) MIANS71
(D) FTLSS13

200. Kasugaさんについて何がわかりますか。

(A) キャンセル料を払う必要がある。
(B) オプションのサービスを予約したいと思っている。
(C) ウェブサイトで予約をした。
(D) ガイドツアーに参加する。

196. 正解 (B) ★★

スケジュールの表の4番目の出発地に Ft. Lauderdale があります。そして価格の欄には注の星マークが2つついています。2つ星の注を見ると Passengers fly back to Ft. Lauderdale「乗客は Ft. Lauderdale に飛行機で戻る」とあるので、(B) Passengers return by airplane が正解です。

注がある場合は必ずチェックしましょう。

197. 正解 (A) ★★★

スケジュールの注の1つ目には、Fares include 以下に運賃に含まれるものが並んでいます。all meals onboard は (B) Onboard food に、nightly shows は (C) Evening entertainmentに、children's activities は (D) Activities for family members に対応します。(A) Transportation to and from a hotel「ホテルへの往復移動」については記述がないのでこれが正解です。

319

Part 7 解答と解説

198. 正解 (C) ★★

ウェブページの4行目に cooking lessons ... in Ocho Rios 「Ocho Rios での料理レッスン」とあるので、(C) Learning to prepare food「料理を学ぶ」が正解です。固有名詞を瞬時に見つけることができればすぐに解ける問題です。(A) は Nassau、(B) は (直接的記述はないですが、スキューバを泳ぐこととみなせば) Cozumel、(D) は San Juan でできることです。

199. 正解 (A) ★★

ウェブページの4行目に scuba diving lessons in Cozumel とあります。よって、スケジュールの中から Cozumel に行くクルーズの番号を見つければよいとわかります。ITENERARY の中で Cozumel があるのは1番上のクルーズなので、(A) MIACG18 が正解です。

200. 正解 (A) ★★★

Eメールで Kasuga さんは Nassau に行くクルーズを予約したがキャンセルしたいと述べています。スケジュールの表を見ると Nassau へ行くのは3番目にあるものです。この船の出発日は10月14日であることに注目します。ウェブページの最後の文には出発の7日前以降になされたキャンセルには40%のキャンセル料金が発生するとあります。Kasuga さんが E メールを出した日付は10月10日ですでに出発の7日前をきっているので、キャンセル料金を払わなくてはならないとわかります。よって、キャンセル料金を払うとした (A) が正解です。3つの文書の様々な箇所を照らし合わせなければならないので超難問です。Nassau のツアーに参加すると

320

勘違いしてしまうとウェブサイトにある guided tour of the craft market in Nassau に目が行ってしまいガイドツアーに参加するとある (D) を選んでしまいます。しかし、彼女はこのツアーをキャンセルするので不正解です。

📖 語注

- itinerary 名 旅程・訪問場所のリスト 類 travel schedule
- fare 名 運賃
- include 動 〜を含む
- cabin 名 客船での寝室
- onboard 形 船上の
- nightly 形 毎晩の
- port fees 港利用料金
- optional 形 任意の
- excursion 名 遠足・小旅行
- destination 名 目的地
- incur 動 〜を被る
- cancellation fee キャンセル料金
- To Whom It May Concern 担当者の方へ
- book 動 〜を予約する 類 reserve

編集協力 ——	渡邉 淳
	及川 亜也子
	渡邉 真理子

録音協力 ——	英語教育協議会（ELEC）
	東 健一
	Bonnie Waycott 🇬🇧
	Brad Holmes 🇦🇺
	Howard Colefield 🇺🇸
	Iain Gibb 🇨🇦
	Kimberly Tierney 🇺🇸

解答用紙

LISTENING SECTION

Part 1

No.	ANSWER A B C D
1	Ⓐ Ⓑ Ⓒ Ⓓ
2	Ⓐ Ⓑ Ⓒ Ⓓ
3	Ⓐ Ⓑ Ⓒ Ⓓ
4	Ⓐ Ⓑ Ⓒ Ⓓ
5	Ⓐ Ⓑ Ⓒ Ⓓ
6	Ⓐ Ⓑ Ⓒ Ⓓ
7	Ⓐ Ⓑ Ⓒ
8	Ⓐ Ⓑ Ⓒ
9	Ⓐ Ⓑ Ⓒ
10	Ⓐ Ⓑ Ⓒ

Part 2

No.	ANSWER A B C
11	Ⓐ Ⓑ Ⓒ
12	Ⓐ Ⓑ Ⓒ
13	Ⓐ Ⓑ Ⓒ
14	Ⓐ Ⓑ Ⓒ
15	Ⓐ Ⓑ Ⓒ
16	Ⓐ Ⓑ Ⓒ
17	Ⓐ Ⓑ Ⓒ
18	Ⓐ Ⓑ Ⓒ
19	Ⓐ Ⓑ Ⓒ
20	Ⓐ Ⓑ Ⓒ
21	Ⓐ Ⓑ Ⓒ
22	Ⓐ Ⓑ Ⓒ
23	Ⓐ Ⓑ Ⓒ
24	Ⓐ Ⓑ Ⓒ
25	Ⓐ Ⓑ Ⓒ
26	Ⓐ Ⓑ Ⓒ
27	Ⓐ Ⓑ Ⓒ
28	Ⓐ Ⓑ Ⓒ
29	Ⓐ Ⓑ Ⓒ
30	Ⓐ Ⓑ Ⓒ
31	Ⓐ Ⓑ Ⓒ

Part 3

No.	ANSWER A B C D
32	Ⓐ Ⓑ Ⓒ Ⓓ
33	Ⓐ Ⓑ Ⓒ Ⓓ
34	Ⓐ Ⓑ Ⓒ Ⓓ
35	Ⓐ Ⓑ Ⓒ Ⓓ
36	Ⓐ Ⓑ Ⓒ Ⓓ
37	Ⓐ Ⓑ Ⓒ Ⓓ
38	Ⓐ Ⓑ Ⓒ Ⓓ
39	Ⓐ Ⓑ Ⓒ Ⓓ
40	Ⓐ Ⓑ Ⓒ Ⓓ
41	Ⓐ Ⓑ Ⓒ Ⓓ
42	Ⓐ Ⓑ Ⓒ Ⓓ
43	Ⓐ Ⓑ Ⓒ Ⓓ
44	Ⓐ Ⓑ Ⓒ Ⓓ
45	Ⓐ Ⓑ Ⓒ Ⓓ
46	Ⓐ Ⓑ Ⓒ Ⓓ
47	Ⓐ Ⓑ Ⓒ Ⓓ
48	Ⓐ Ⓑ Ⓒ Ⓓ
49	Ⓐ Ⓑ Ⓒ Ⓓ
50	Ⓐ Ⓑ Ⓒ Ⓓ
51	Ⓐ Ⓑ Ⓒ Ⓓ
52	Ⓐ Ⓑ Ⓒ Ⓓ
53	Ⓐ Ⓑ Ⓒ Ⓓ
54	Ⓐ Ⓑ Ⓒ Ⓓ
55	Ⓐ Ⓑ Ⓒ Ⓓ
56	Ⓐ Ⓑ Ⓒ Ⓓ
57	Ⓐ Ⓑ Ⓒ Ⓓ
58	Ⓐ Ⓑ Ⓒ Ⓓ
59	Ⓐ Ⓑ Ⓒ Ⓓ
60	Ⓐ Ⓑ Ⓒ Ⓓ
61	Ⓐ Ⓑ Ⓒ Ⓓ
62	Ⓐ Ⓑ Ⓒ Ⓓ
63	Ⓐ Ⓑ Ⓒ Ⓓ
64	Ⓐ Ⓑ Ⓒ Ⓓ
65	Ⓐ Ⓑ Ⓒ Ⓓ
66	Ⓐ Ⓑ Ⓒ Ⓓ
67	Ⓐ Ⓑ Ⓒ Ⓓ
68	Ⓐ Ⓑ Ⓒ Ⓓ
69	Ⓐ Ⓑ Ⓒ Ⓓ
70	Ⓐ Ⓑ Ⓒ Ⓓ

※復習用にコピーしてお使いください。

✂ キリトリキ

裏面へ続く ➡

LISTENING SECTION

Part 4

No.	ANSWER
71	Ⓐ Ⓑ Ⓒ Ⓓ
72	Ⓐ Ⓑ Ⓒ Ⓓ
73	Ⓐ Ⓑ Ⓒ Ⓓ
74	Ⓐ Ⓑ Ⓒ Ⓓ
75	Ⓐ Ⓑ Ⓒ Ⓓ
76	Ⓐ Ⓑ Ⓒ Ⓓ
77	Ⓐ Ⓑ Ⓒ Ⓓ
78	Ⓐ Ⓑ Ⓒ Ⓓ
79	Ⓐ Ⓑ Ⓒ Ⓓ
80	Ⓐ Ⓑ Ⓒ Ⓓ

No.	ANSWER
81	Ⓐ Ⓑ Ⓒ Ⓓ
82	Ⓐ Ⓑ Ⓒ Ⓓ
83	Ⓐ Ⓑ Ⓒ Ⓓ
84	Ⓐ Ⓑ Ⓒ Ⓓ
85	Ⓐ Ⓑ Ⓒ Ⓓ
86	Ⓐ Ⓑ Ⓒ Ⓓ
87	Ⓐ Ⓑ Ⓒ Ⓓ
88	Ⓐ Ⓑ Ⓒ Ⓓ
89	Ⓐ Ⓑ Ⓒ Ⓓ
90	Ⓐ Ⓑ Ⓒ Ⓓ

No.	ANSWER
91	Ⓐ Ⓑ Ⓒ Ⓓ
92	Ⓐ Ⓑ Ⓒ Ⓓ
93	Ⓐ Ⓑ Ⓒ Ⓓ
94	Ⓐ Ⓑ Ⓒ Ⓓ
95	Ⓐ Ⓑ Ⓒ Ⓓ
96	Ⓐ Ⓑ Ⓒ Ⓓ
97	Ⓐ Ⓑ Ⓒ Ⓓ
98	Ⓐ Ⓑ Ⓒ Ⓓ
99	Ⓐ Ⓑ Ⓒ Ⓓ
100	Ⓐ Ⓑ Ⓒ Ⓓ

※復習用にコピーしてお使いください。

次ページへ続く ↓

✂ キリトリ

キリトリ ✂

※復習用にコピーしてお使いください。

READING SECTION

Part 5															Part 6										Part 7									
No.	ANSWER				No.	ANSWER				No.	ANSWER				No.	ANSWER				No.	ANSWER				No.	ANSWER				No.	ANSWER			
	A	B	C	D		A	B	C	D		A	B	C	D		A	B	C	D		A	B	C	D		A	B	C	D		A	B	C	D
101	A	B	C	D	111	A	B	C	D	121	A	B	C	D	131	A	B	C	D	141	A	B	C	D	151	A	B	C	D	161	A	B	C	D
102	A	B	C	D	112	A	B	C	D	122	A	B	C	D	132	A	B	C	D	142	A	B	C	D	152	A	B	C	D	162	A	B	C	D
103	A	B	C	D	113	A	B	C	D	123	A	B	C	D	133	A	B	C	D	143	A	B	C	D	153	A	B	C	D	163	A	B	C	D
104	A	B	C	D	114	A	B	C	D	124	A	B	C	D	134	A	B	C	D	144	A	B	C	D	154	A	B	C	D	164	A	B	C	D
105	A	B	C	D	115	A	B	C	D	125	A	B	C	D	135	A	B	C	D	145	A	B	C	D	155	A	B	C	D	165	A	B	C	D
106	A	B	C	D	116	A	B	C	D	126	A	B	C	D	136	A	B	C	D	146	A	B	C	D	156	A	B	C	D	166	A	B	C	D
107	A	B	C	D	117	A	B	C	D	127	A	B	C	D	137	A	B	C	D	147	A	B	C	D	157	A	B	C	D	167	A	B	C	D
108	A	B	C	D	118	A	B	C	D	128	A	B	C	D	138	A	B	C	D	148	A	B	C	D	158	A	B	C	D	168	A	B	C	D
109	A	B	C	D	119	A	B	C	D	129	A	B	C	D	139	A	B	C	D	149	A	B	C	D	159	A	B	C	D	169	A	B	C	D
110	A	B	C	D	120	A	B	C	D	130	A	B	C	D	140	A	B	C	D	150	A	B	C	D	160	A	B	C	D	170	A	B	C	D

裏面へ続く ➡

READING SECTION

No.	ANSWER
171	A B C D
172	A B C D
173	A B C D
174	A B C D
175	A B C D
176	A B C D
177	A B C D
178	A B C D
179	A B C D
180	A B C D
181	A B C D
182	A B C D
183	A B C D
184	A B C D
185	A B C D
186	A B C D
187	A B C D
188	A B C D
189	A B C D
190	A B C D
191	A B C D
192	A B C D
193	A B C D
194	A B C D
195	A B C D
196	A B C D
197	A B C D
198	A B C D
199	A B C D
200	A B C D

※復習用にコピーしてお使いください。

✂ キリトリ

著者紹介

森田鉄也 (もりた・てつや)

東進ハイスクール、河合塾、TOEIC専門校エッセンス イングリッシュ スクール講師。慶應義塾大学文学部英米文学専攻卒業、東京大学大学院人文社会系研究科言語学修士課程修了。アメリカ留学中に英語教授法 TEFL を取得。TOEIC®テスト990点、TOEIC®スピーキング・ライティングテスト各200点満点。国連英検特A級、英検1級、TOEFL660点、ケンブリッジ英検 CPE 取得、日本語教育能力検定試験合格。通訳案内士。著書に『1駅1題 TOEIC® TEST 単語特急』『新TOEIC® TEST 単語特急2 語彙力倍増編』(以上、小社)、共著書に『新TOEIC® TEST 熟語特急 全パート攻略編』『新TOEIC® TEST 正解特急 ルール55』(以上、小社)、『10分×10回×10日間 TOEIC® TEST ミニ模試トリプル10』(スリーエーネットワーク)など多数ある。

カール・ロズボルド (Karl Rosvold)

アメリカのミシガン州出身、1993年から日本で活動。東京大学大学院学際情報学府修士課程修了。大手IT企業・金融機関等でビジネス英語を教える経験を経て、現在は執筆など出版物に関わる活動に専念。著書に、石井洋佑との共著の超初級者向け対策本『TOEIC® TEST きほんのきほん』(国際語学社)、関正生との共著の4技能型アカデミック英語能力試験対策本『TEAP攻略問題集』(教学社)などがある。TOEIC® テスト990点はもちろん、日本語能力試験1級も満点で合格。

TOEIC® TEST 模試特急
新形式対策

2016 年 4 月 30 日　第 1 刷発行
2017 年 2 月 20 日　第 4 刷発行

著　者	森田 鉄也
	カール・ロズボルド
発行者	友澤 和子
装　丁	川原田 良一
本文デザイン	コントヨコ
イラスト	cawa-j ☆ かわじ
印刷所	大日本印刷株式会社
発行所	朝日新聞出版

〒 104-8011　東京都中央区築地 5-3-2
電話 03-5541-8814（編集）　03-5540-7793（販売）
© 2016 Tetsuya Morita, Karl Rosvold
Published in Japan by Asahi Shimbun Publications Inc.
ISBN 978-4-02-331518-1
定価はカバーに表示してあります。
落丁・乱丁の場合は弊社業務部（電話 03-5540-7800）へご連絡ください。
送料弊社負担にてお取り替えいたします。